〈현장적용 100%〉
# 골동품 CS(친절)교육 길라잡이!

장은정 編著

내용 : 1. 주제별 서비스 강의집
      2. CS 문제은행 수록

21세기사

## 문안인사

안녕하십니까? 골동품 장은정 인사드립니다.

저의 어릴적 별명은 시골 어르신들의 장난스레 못생기고 희귀하게 생겼다며 골동품으로 불리우셨는데 지금은 저의 애칭처럼 정말 친근한 단어가 되었습니다.

제 나름대로 해석을 달리 해 보고 사는거지요..해가 거듭하면 거듭할수록 가치가 더해지는 여자..라구요.. 그런 어릴적의 못생긴 얼굴이 이젠 어느덧 어르신들은 용 되었다고 합니다.

때론 이 시대가 우리를 힘들게 할지라도 비젼과 긍정적 힘을 가지고 열심히 하루하루 최선을 다한다면 우리는 웃을 수 있을 것입니다.

복 중에 가장 큰 복은 무슨 복이냐구 그 누군가는 물었습니다.

바로 행복이라고 하더군요.. 그 많은 복들을 총 망라한 행복.

행복한 사람은 '친절' 할 수 있는 여유가 있습니다. 행복한 기업은 '고객의 소리'를 듣고 '고객만족'을 위해 노력하는 여유가 있습니다. 그리고 그 친절은 돌고 돌아서 우리 모두를 행복의 길로 초대합니다.

저 역시 제 인생의 딱 한 번밖에 주어지지 않은 시간들을 정말 행복하게 살고 싶습니다.

20대 초반에 종합병원 서비스강의를 시작하여 지금까지 여러 가지 역할들을 감당해오면서 많은 것들을 배우고 익히는 과정에서 저와 같은 업무로 몸과 마음을 실은 분들에게 조금이나마 보탬이 되어 드리고자 이렇게 책을 제작하게 되었습니다.

현장에서 CS 강의를 준비하시는 분들은 첫 시작에서 막막함을 느낄 때가 많습니다.

강의를 준비하면서도 몇 해를 거듭하다 보니 새롭고 좋은 자료들로 직원들을 강의하고 싶은데 자료의 한계를 느낄 때도 많습니다. 강사로서 남 들 앞에 서서 강의를 한다는 것은 엄청난 스트레

## 문안인사

스와 부담을 갖고 시작을 하지만 본인 만족여하에 따라 그날 컨디션도 상당히 달라지곤 합니다. 여러 기관에 종사하시는 많은 관리자 분들께서 직원교육에 힘쓰고 사후관리의 중요성을 느끼신다면 많은 책들을 접하시어 좋은 정보를 얻으시고 꾸준한 인내와 관심으로 직원관리에 힘쓰시면 될 거 같습니다.

각 항목별로 구성된 내용은 그 동안 배우고 익혔던 자료들을 정리한 것으로 새내기 강사로써 첫 발을 딛고자 하시는 분들에게 많은 도움이 되셨으면 합니다.

강단에 서는 매 시간마다 진실된 교육을 통해 심신이 지치고 가라앉은 분들에게 생활의 동기부여를 심어줄 수 있는 행복 전도사로 거듭나길 바라며, 단 한 사람이라도 깨닫고 변화될 수 있게 자신의 열정을 쏟아볼 수 있길 바랍니다.

우리 모두의 행복한 인생을 위하여, 오늘도 주어진 시간과 삶속에 감사하며 나아갑니다.

지금까지 비젼과 열정을 품게 하시고 웃을 수 있는 힘을 주시고 부족한 사람을 빚어나가 주신 하나님께 이 모든 영광을 돌리며 감사드립니다.

골동품 장은정 올림

# 차 례

- 〈 전 직원 & 신규 직원 친절교육 자료 〉 ································ 11
- 〈 서비스 개론 및 MOT 마케팅 편 〉 ····································· 27
- Part Ⅰ. 서비스 개론 및 MOT 마케팅 편 ······························· 27
- Part Ⅱ. 서비스 마인드 중점 교육 ············································ 43
- Part Ⅲ. 상황별 고객응대, 커뮤니케이션 교육 ························ 53
- Part Ⅳ. 에티켓과 매너 편 중점교육 ········································ 69
- Part Ⅴ. 호감가는 이미지 메이킹 연출법 중점 ······················· 73
- Part Ⅵ. 우호적인 인간 관계 향상 편 ······································ 105
- Part Ⅶ. 서비스 강의의 실재 ···················································· 135
- Part Ⅷ. 웃음치료(SPOT) 중점 교육 ········································ 147
- 부 록 ························································································· 159

## Ice - Break : 학습준비!!

| 이번 교육 과정에서 여러분의 목표는? | 이 목표를 달성하는데 누가 얼마나 영향력을 행사할까? | | | |
|---|---|---|---|---|
| | 강사 : 나 자신 | 내 생각 | 강사 : 나 자신 | 내 생각 |
| | 10 : 10 | | 4 : 6 | |
| | 9 : 1 | | 3 : 7 | |
| | 8 : 2 | | 2 : 8 | |
| | 7 : 3 | | 1 : 9 | |
| | 6 : 4 | | 0 : 10 | |
| | 5 : 5 | | 해당란에 V 하세요. | |

| 학습목표를 달성하기 위해 내가 할 수 있는 행동은? | 이 행동을 방해할 수 있는 요소는? | 방해요소를 극복할 수 있는 방법은? |
|---|---|---|
| | | |

## 자신을 멋지게 소개하는 시간

### Mind Map

- 자신을 그림으로 표현해 보는 것도 상당히 멋진 일이지 않습니까?

추상적인 그림이어도 좋습니다.

- 별명 :

- 이름 삼행시 :
   ○ :
   ○ :
   ○ :

- 내가 닮고 싶은 사람과 그 이유는?

- 교육을 통해 바라는 부분 :

## 우리는 무엇을 원하고 있나?

- 기억되고 싶어 한다.

- 환영받고 싶어 한다.

- 관심의 대상이 되고 싶어 한다.

- 중요한 사람으로 인식되고 싶어 한다.

- 편안해 지고 싶어 한다.

- 존경받고 싶어 한다.

- 칭찬받고 싶어 한다.

- 자신의 기대와 요구가 받아들여지기를 바란다.

## Work Sheet - 내가 받았던 서비스 경험은?

* 자신이 고객으로서 받았던 서비스 경험 중 최악으로 느낀 서비스 제공자의 행동이나 태도를 적어 봅시다.

〈최악의 서비스 사례〉

* 자신이 고객으로서 받았던 서비스 경험 중 최고의 서비스 제공자의 행동이나 태도를 적어 봅시다.

〈최상의 서비스 사례〉

# 전 직원 & 신규 직원 친절교육 자료

Ⅰ. 직장인이 지켜야 할 매너와 에티켓
Ⅱ. 직장 내 인간관계
Ⅲ. 병원 근무 직원의 기본예절
Ⅳ. 친 절
Ⅴ. 고객 감동 진실의 순간
Ⅵ. 직장에서의 인간관계
Ⅶ. 서비스맨의 마음가짐 10

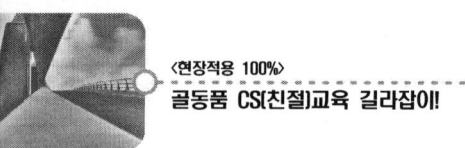

## Ⅰ. 직장인이 지켜야 할 매너와 에티켓

### 1 직장내 직원 상호간의 인간관계

1) 병원은 인간의 생명을 다루는 팀웍 집단이다.
   - 뚜렷한 사명감과 봉사정신을 기초로 한 팀웍 집단이다.
   - 실패라든가 실수가 있을 수 없는 팀웍 집단이다.
   - 전문 업무 구별이 명확한 팀웍 집단이다.

2) 병원의 직장 규율
   - 병원의 규칙을 지켜야 한다.
   - 병원의 복무규정, 상사의 지시, 명령을 지키는 행동이 필요하며 직장인의 에티켓을 지킨다.
   - 공과 사는 구분해야 한다.

3) 나는 우리병원을 대표한다.
   - 나의 업무태도 및 근무 자세는 병원의 얼굴이므로 항상 얼굴의 신뢰와 호의를 얻도록 힘쓰며, 전체를 대표하고 있다는 것을 명심한다.
   - 모든 업무는 환자위주로 한다.

### 2 환자나 손님응대의 기본자세

1) 인상을 좋게 가지며, 교양 있는 행동과 친밀감과 적극적인 태도를 갖는다.
2) 존댓말을 사용하며 간단하고 명백하게, 정확한 발음과 알맞은 속도로 대화를 한다.

### 3 환자나 손님 응대의 마음가짐

1) 항상 감사한 마음으로 손님이나 환자의 입장에 선다.
2) 충분한 지식과 신속 정확한 바른 태도를 갖는다.

## Ⅱ. 직장 내 인간관계

### 1 직장 인간관계의 독립성

1) 병원에는 의사, 간호사, 의료기사, 약사, 사무원, 선후배 또는 종적, 횡적관계로 이루어져 있다.
2) 감독하는 입장과 감독을 받는 입장에 있는 사람이 있다.
3) 연령, 학력, 지식, 업적, 경험, 성격, 취미, 기호 등이 서로 다른 사람으로 구성되어 있다.

### 2 이상적인 병원직장

사기가 높은 병원, 의식이 있어야 하며 같은 일을 하고 있는 공통의 정열이 느껴지고, 실패나 곤란한 상황에서 힘을 발휘하며 서로 잘 이해하고 기분이 잘 통해야 한다.

### 3 경쟁과 협조

개인에게 있어서 어느 정도의 경쟁상대가 있고, 거기에다 서로 도와 나간다는 협조의 분위기가 있어야 한다.

1) 자기의 입장에서, 상대방의 입장에서, 제삼자의 입장에서, 종합적으로 생각해야 한다.
2) 사람을 올바르게 이해하려면 다른 사람의 마음의 움직임이나 감정의 움직임이 어떤가 하는 점을 정확히 알아야 한다.

## Ⅲ. 병원 근무 직원의 기본예절

### 1 출 근

1) 늦어도 업무개시 10분전까지 출근한다.
2) 기운차고 명랑하고 상쾌한 기분으로 하루를 시작한다.
3) 동료에게 인사를 꼭 한다. 『안녕하십니까?』 - 먼저 인사하기

### 2 근무 중의 태도

1) 모든 동작은 언제나 조용하게 한다.
2) 대화는 간결하게 낮은 목소리로, 큰소리를 내거나 웃음소리는 삼간다.
3) 일을 하고 있는 직원에게 말을 걸때는 상대의 이름을 불러서 말한다.
4) 근무지 이탈 시에는 먼저 직속상관의 허락을 득한 후 행선지, 용건, 소요시간을 동료에게 알리고 외출한다.

### 3 병원 내 통로에서

1) 부득이한 경우 이외에는 뛰지 말고 조용히 걷도록 한다.
2) 복도에서 상사나 손님을 만났을 때 잠깐 머물러 서서 목례를 한다.
3) 급한 일로 앞질러 가야할 때는 『실례 합니다』라는 인사를 한다.
4) 여러 사람이 옆으로 나란히 서서 통로를 막고 가는 일이 없도록 한다.

### 4 일과를 끝내고 퇴근 시

1) 퇴근시간 전에 미리 서두르지 않는다.
2) 퇴근 전에 하루 동안 있었던 일을 반성해 본다.
3) 상사나 동료들에게 다정한 인사를 교환한다.

## 5 인 사

1) 아침인사는 자기가 먼저 한다.
2) 근무 중의 외출, 귀가 시에도 명확히 인사한다.
3) 아무리 바쁘더라도 인사는 확실히 한다.
4) 고마움이나 사죄는 빨리 말한다.
5) 퇴근 시 인사는 남은 사람들에게의 귀가 보고이다.

## 6 공과 사를 정확하게

1) 병원 전화를 사적으로 쓰지 않는다.
2) 병원 소모품을 사적으로 쓰지 않는다.

## 7 병원 내 비품 및 시설물

1) 비품 및 시설물은 사용방법을 확실히 익히고, 소중하고, 조심성 있게 내 것처럼 다룬다.
2) 사용 후에는 반드시 제자리에 둔다.

# Ⅳ. 친 절

## 1 친절이란?

남에게 보상을 바라지 않고 호감과 기쁨을 주고 고마움을 느끼게 하기위한 정성된 마음가짐과 몸가짐

- 친절은 남에게 잘하는 것
- 친절은 보상을 바라지 않는 행위이다.
- 친절은 아름다운 것보다 더 가치가 있다.
  - 친절의 실제(마음)

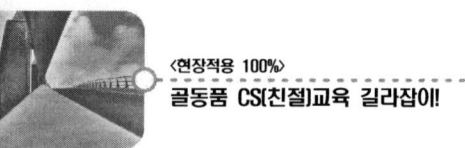
**골동품 CS(친절)교육 길라잡이!**

- 인간미 : 남을 아끼고 사랑하는 마음
- 도덕성 : 양심 – 자기를 속이지 않는 마음
          – 절의 격식(행동)
- 매 너 : 훌륭한 태도, 습관
- 에티켓 : 남의 마음에 상처를 주지 않는 것

### 2 왜 친절해야 하나?

1) 세계 모든 나라가 하나의 공동체로 단일화되어 가는 시대에는 지구촌 모든 사람과 더불어 살아갈 줄 아는 친절이 있어야 한다.
2) 세계화 기업은 고객감동을 실현하는 것이며 고객감동은 친절 서비스가 뿌리이다. 친절 서비스 없이 고객을 감동시키려고 하는 것은 물 없는 고기와 같고, 공기없는 세상과 다를 바 없다.
3) 남과 가까이 사귀고, 모든 사람과 더불어 살아가는데 윤활유 역할을 하는 것이 친절이다.

### 3 친절한 사람의 공통된 특징

1) 정신적으로 여유 있는 사람
2) 자신감과 긍지가 있는 사람
3) 겸손한 사람
4) 사랑이 있는 사람(따뜻한 정과 온유한 마음)
5) 언제나 내가 먼저 봉사정신이 있는 사람
6) 덕이 있는(교양이 있는) 사람
7) 꿈이 큰 사람
8) 상대방을 헤아려 이해하려는 사람

### 4 친절한 사람이 가져야 할 자세

1) 웃어른 모시듯 하는 자세 ················· 예절바른 마음
2) 가장 아끼는 사람 대하듯 하는 자세 ················· 따뜻한 마음
3) 환자를 일부러 맞이하는 자세 ················· 정성스러운 마음

4) 환자를 평등하게 대하는 자세 ·················· 인간존중의 마음

5) 건강아이디어를 제공해 주는 자세 ·················· 상담자의 마음

6) 주인의식을 가진 병원 대표자의 자세 ·················· 프로의 근성

7) 환자 입장에서 생각하고 행동하는 자세 ·················· 환자 제일주의 마음

### 5 고객의 기본적 욕구

1) 기억되기를 바람
2) 환영받고 싶어함
3) 중요한 사람으로 인식되고 싶어함
4) 편안해지고 싶어함
5) 칭찬받고 존경받고 싶어함
6) 기대와 요구를 수용해주기 바람

## V. 고객 감동 진실의 순간

### 1 MOT의 의미 : 진실의 순간 = 결정적 순간 = 평가의 순간

고객이 조직의 일면과 접촉하여 그 서비스 품질에 관하여 무엇인가 인상을 얻을 수 있는 사건 모두

### 2 MOT의 원래의 뜻 : 스페인의 투우 경기에서 투우사가 맞부딪치는 결정적 순간을 Moment of Truth 라 한다.

## ※ 병원의 MOT를 위하여

### 1 단정한 용모와 복장

1) 고객은 서비스만을 구입하는 것이 아니라 단정한 직원의 모습등을통해 그 병원의 신뢰성까지 구입하는 것이다.
2) 명찰, 스마일 뺏지 착용, 손톱, 발톱, 제복, 청바지 자제, 헤어스타일
3) 신발(특수부서 검정 슬리퍼 허용),

### 2 표 정 : 첫인상을 좌우하는 핵심적인 요소는 스마일!
### (실습 : 안면근육이완운동)

1) 표정 연출의 5원칙 :
   ① 밝은 표정
   ② 부드러운 표정
   ③ 얼굴 자체가 웃는 표정
   ④ 돌아서는 뒷모습이 웃는 표정
   ⑤ 생기 있는 표정

2) 스마일의 효과 :
   ① 건강증진 효과
   ② 감정 이입 효과
   ③ 마인드 컨트롤 효과
   ④ 신바람 효과
   ⑤ 실적 향상 효과

3) 스마일의 연출 :
   ① 행동의 기본
   ② 돈이 들지 않는 가장 훌륭한 고객응대
   ③ 표정이 밝으면 음성이 경쾌해지며 응대 태도가 밝아진다.

4) 온화한 표정을 만드는 시선의 위치

　① 첫인상의 84%가 시선

　② 눈과 눈 사이를 바라본다.

　③ 어쩌다 마주친 눈빛 또한 상대방을 정면으로 향하여 밝은 눈빛으로

5) 표정관리

- T(시간, Time), P(장소, Place), O(상황, occasion)에 맞는 표정
- "인상이 바뀌면 인생이 바뀐다."

## 3 인 사

1) 인사의 정의 :

- 인사(人事) 란 사람 人자와 일 事자, 즉 사람이 하는 일이다. 동물과 특별히 구분되는 인간의 고유한 행위이며, 모든 인간예절의 기틀이다.

2) 인사의 유래 :

- 인사는 원시시대(미개시대)에 상대를 해치지 않겠다는 신호(원수가 아니라는 신호)로 손을 위로 들기도 했고(현재의 거수 경례), 손을 앞으로 내밀기도 했고(현재의 악수), 허리를 굽히기도 했다(허리굽혀 경례). 그러므로 인사는 섬김의 자세, 환영의 표시, 신용의 상징, 친근감의 표현이라고 할 수 있다.

3) 인사의 중요성 :

- 인사는 많은 예절 가운데서도 가장 기본이 되는 표현으로서 상대방을 인정하고 존경하며 반가움을 나타내는 형식의 하나이며, 처음 만난 사람이나 웃어른에게 자신의 모든 것을 가장 잘 표현하고 상대방에게서 호감을 받을 수 있는 첫 관문이다. 인사는 가정에서는 화목한 가정의 근간이 되고 직장생활에 있어서는 인화단결의 근간이 된다. 인사는 받는 사람만의 기쁨이 아니라 하는 사람도 기분좋은 일이기 때문에, 러시아의 문호 톨스토이도 "어떠한 경우라도 인사하는 것은 부족하기보다 지나칠 정도로 하는 편이 좋다." 라고 말하고 있다. 인사는 평범하고도 대단히 쉬운 행위이지만 습관화되지 않으면 실천에 옮기기 어렵다.

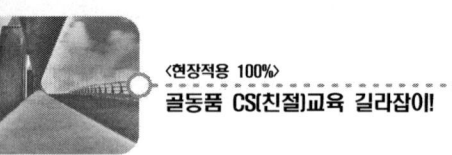

4) 인사의 5원칙 :
   ① 인사는 내가먼저
   ② 상대를 바라보며
   ③ 밝은 표정으로
   ④ 인사말과 함께
   ⑤ 허리 숙여 한다.

5) 인사는 이렇게 :
   ① 인사는 과한 게 좋다.
   ② 확실하고 분명하게
   ③ 공손하게 정중하게
   ④ 또 만나면 또 인사를
   ⑤ 인사를 잘 받자
   ⑥ 인사성이 밝아야 한다.

6) 인사 기본자세 :
   ① 속도 : 하나, 둘, 셋, 하면서 2초 동안 구부리고 3초 동안 편다.
   ② 각도 : 5도, 10도, 15도, 30도, 45도, 60도, 90도
   ③ 허리의 선 : 허리에서 머리까지 일직선이 되도록 한다.
   ④ 눈의 시선 : 인사전후에는 상대방의 눈, 굽혔을 때는 1~1.5m전방 주시
   ⑤ 표정 : 밝은 표정과 미소를 띤다.
   ⑥ 손 위치 : 여성/오른손으로 왼손을 감싸서 아랫배에 가볍게 댄다.
   ⑦ 발 위치 : 뒤꿈치는 붙이고 앞은 20도로 벌린다.
       -인사 훈련 실습-

## 4 정중한 동작 :

1) 자세 동작 포인트
   • 자세와 동작은 마음의 표현
     - 자신을 아름답게 보이게 한다.
     - 호감과 신뢰감을 준다.

> POINT
>
> 〈 자세 동작 Point! 〉
> - 등줄기를 곧게 편다.
> - 손가락은 가지런히 한다.
> - 동작은 하나하나 끊어 연결한다.
> - 시작보다 마무리 동작을 천천히 한다.
> - EYE CONTACT

## 5 대화(말씨)

1) 매력 있는 말씨 :
   - 발음은 정확히, 필요 없는 말버릇은 고친다.
   - 전문용어나 외래어 사용은 피한다. 경어사용.
   - 듣는 이의 입장을 고려해서 성의 있게 상대방의 눈을 보며 말한다.

2) 동료에 대한 말씨 :
   - 동료와는 협력자로서 친절하게, 자존심을 상하지 않게, 좋은 점은 장려해 주도록 하여 칭찬을 아끼지 않는다.
   - 실수는 감싸주도록 하고 한계를 분명히 한다.
   - 의견 대립이 있을 때 감정적으로 처리하지 않고 냉철한 이성으로 대한다.

## 6 전화 응대 방법

1) 전화 응대 5원칙
   ① 신속
   ② 정확
   ③ 간단
   ④ 정중
   ⑤ 미소

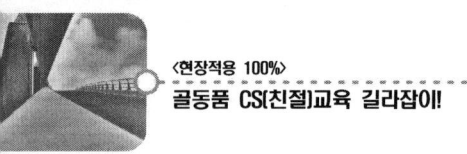

2) 전화를 받을 때
- 벨이 울리기 즉시 수화기를 들어야 한다(4번 울리기 전에).
- 수화기는 왼손으로 잡고, 오른손으로 메모할 준비를 한다.
① 자기의 소속과 성명을 말한다.
  - 전화 벨소리의 길이에 따라 내, 외선의 구분
  - 내선 시 -『감사합니다, ○○병동 ○○○ 간호사입니다』라고 친절히 받는다.
  - 외선 시 -『감사합니다, ○○병원 ○○병동 ○○○ 간호사입니다』라고 한다.
  - 타 부서 연결을 원할시 -『혹시 연결도중에 끊기시면 ○○○-3??? 안내번호 후 『감사합니다』라는 적절한 끝인사와 함께 돌려드린다.
  - 내선 시 벨이 4번 이상 울렸을 경우 -『늦게 받아 죄송합니다, ○○병동 ○○○입니다.
  - 외선 시 벨이 4번 이상 울렸을 경우 -『늦게 받아 죄송합니다, ○○병원 ○○병동 ○○○입니다.
② 상대방을 확인한다.
③ 인사를 한다.
④ 용건을 묻는다 - 응답하면서 요점을 메모한다.
⑤ 응답을 책임 있게 한다 - 잘 모르는 내용은 자기 마음대로 대답해서는 안 되며 상대방의 양해를 구한 다음 잘 아는 사람이나 책임자에게 물어서 대답하거나 전화를 바꾸어 주어야 한다.
⑥ 요점을 되풀이하여 확인한다.
⑦ 끝인사 - 감사합니다.. 등등 적절한 말로 인사한다.
- 통화가 끝난 다음에는 전화를 건 쪽이 먼저 수화기를 끊고 난 것을 확인한 뒤에 받은 쪽에서 끊는 것이 원칙이다.

3) 전화를 걸 때의 요령
① 상대방의 전화번호, 이름, 소속, 용건을 미리 확인한다.
② 상대방이 수화기를 들면 인사를 하고 자기의 소속과 이름을 밝힌다.
③ 상대방을 확인하고 지명인을 찾는다.
④ 원하는 상대방이 부재 시 - "죄송합니다만 ○○○에게 메모를 부탁합니다"라고 정중히 부탁한다.

전화 송수신 상태가 불량 시 그 사정을 말한다.
⑤ 요점을 확인한다.
⑥ 전화를 끊을 때 반드시 끝맺음 인사를 한다.
⑦ 상대방이 끊는 것을 확인하고 끊는다.

### 7 경 청 - 123기법

(1번 말하고 2번 이상 들어주고 3번이상 맞장구 쳐주라!)

## Ⅵ. 직장에서의 인간관계

### 1 상사와의 인간관계

1) 상사에게는 존경심을 갖고 대한다.
2) 상사에게는 자진하여 협력하도록 한다.
3) 상사의 성격에 맞추어 대하는 방법에 주의하도록 한다.
4) 상사의 충고는 감사하는 마음으로 받아들인다.
5) 상사와 대화하는 기회를 많이 갖고 친밀감을 갖도록 한다.
6) 상사의 사적행동과 공사를 구분해야 한다.
7) 언제나 명랑하고 밝게 행동하도록 해야 한다.

### 2 선배와의 인간관계

1) 선배에게는 풍부한 경험이 있다. 선배의 경험과 지혜를 배운다.
2) 문제해결의 지혜를 빌린다.
3) 선배에겐 평등하게 대하도록 여러 선배와 접촉한다.

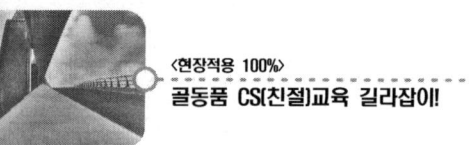

4) 선배의 친절을 쾌히 받아들이도록 한다.

### 3 동료와의 인간관계

1) 상호간에 협조하며 예의를 갖는다.
2) 서로 감싸주며, 위로해 준다.
3) 서로 친절히 지내며, 신의를 으뜸으로 한다.
4) 인격을 존중하고 프라이버시를 침해하지 않도록 한다.
5) 자기의 의견만을 내세우지 않도록 한다.
6) 무슨 일이든지 의논해서 일을 처리한다.
7) 약속시간을 지키도록 한다.

### 4 후배와의 인간관계

1) 후배는 돌보아 친절히 가르쳐 준다.
2) 후배의 기분을 이해하여 새로운 감각을 갖고 대하도록 한다.
3) 후배가 실패했을 경우에는 격려하여 뒤처리를 하여 주도록 한다.
4) 생활지도를 해주도록 한다.

## Ⅶ. 서비스맨의 마음가짐 10

### 1 확고한 직업의식을 가져라.

- 직업의식 없이 서비스 정신이 나올 수 없다.

### 2 고객의 입장에서 생각하기.

- 서비스의 주체는 고객이다. 항상 易地思之의 정신이 필요하다.

### 3 원만한 성격을 가져라.

- 인간은 누구를 막론하고 성격이 원만한 사람을 좋아한다.

### 4 긍정적 측면에서 생각하라.

### 5 고객의 마음에 들도록 노력하라.

- 내 마음에 들도록 애쓰는 사람이 미울 리가 없다.

### 6 공사(公私)를 구분하고 공평하게 대하라.

- 서비스 맨은 『공평의 안경』을 통하여 고객을 대해야 한다.

### 7 나름의 원칙을 세워라.

- 고객을 상대할 때 꼭 지켜야 할 자기 나름의 원칙을 세워 마음속에 새겨두어야 한다.

### 8 참아라

- 서비스에 관한 한 참는 데에 있어서 한계란 없다.

### 9 자신을 가져라.

- 고객에게 접근하는 데에 불가결의 요소는 자신을 갖는 것이다.

### 10 부단히 반성하고 개선하라.

- 서비스 맨은 태어나는 것이 아니라 부단한 반성과 개선에 의하여 육성되는 것이다.

# Part. I 서비스 개론 및 MOT 마케팅 편

## I-1. 서비스 개론 강의

※ 목적 : 기본적인 서비스의 특성 및 본질을 알게 하고, 실제 현장에서 겪었던 서비스를 나눔으로써 시대적 변화에 맞는 서비스를 이해시킨다.

| 구분 | 내 용 | 기타 |
|---|---|---|
| 서론 | • SPOT : 서로 간 인사로 시작-주, 두, 문, 간(주무르고, 두드리고, 문지르고, 간질럼) | 자기소개<br><br>스팟<br>활용 |
| | • **서비스란?** : 친절, 봉사, 상대방의 부탁을 들어주는 것.<br>• **서비스의 어원** : 라틴어 세르브스(Servus).노예를 의미<br>• 현대적 의미 "자기의 정성과 노력을 남을 위하여 사용한다."<br>• 일상적인 생활에서 서비스의 개념은 매우 다양하고 폭넓은 의미로 사용되고 있다.<br>• 서비스라고 하면 먼저 '덤' 또는 '공짜'를 연상하게 된다.<br>• 예를 들어 "커피는 서비스입니다." 하면 이는 무료로 커피를 제공!<br>• 한편 "이번 주말에는 가족을 위해 서비스해야지" 하면 타인을 위한 봉사의 의미!<br>• "저 음식점 아저씨는 서비스가 만점이야." 하면 고객에 대한 서비스 제공자의 태도와 자세!<br>• 이 제품의 서비스기간은 1년입니다. 하면 상품 구매시 제공하는 유지, 수리의 의미를 갖게 된다. | |
| 본론 | 1. 서비스의 정의 -( ) 괄호 안 내용 넣기<br>• 우리의 재화, 봉사, 친절을 통해 손님을(만족) 시켜 주고, 그것을 통해 우리들이 (보람)과(즐거움), (행복)을 느끼는 것, 말과 이론이 아닌(Feeling)(액션)이다.<br>• 〈변형〉 분단 토의 후 발표(전지 이용) - 진정한 고객만족 서비스란?<br>2. 서비스의 특징(중요) : 무형성, 이질성, 비분리성, 소멸성<br>• 〈위 서비스의 본질 특징을 이해할 수 있게 설명 보완〉<br>3. 서비스의 중요성 : "왜 오늘날 서비스가 점점 더 중요해지나?"<br>• 고객은 더 많은 것을 요구한다. 고객은 더 많은 선택사항을 갖는다.<br>• 서비스는 충실함과 매출을 의미한다. 서비스는 이윤을 창출한다.<br>4.(분단 토의 후 발표) 가장 좋은 서비스란?<br>1) 당신이 고객으로서 경험한 우수한 서비스를 묘사하시오.<br>2) 당신이 고객으로서 경험한 불쾌한 서비스를 묘사하시오. | P.P<br>자료<br>도입<br>/<br>전지<br>이용<br>/<br>조별<br>발표<br>(조장,<br>서기<br>선출) |
| 결론 | 고객은 이런 것을 원한다.<br>1) 관심 :<br>2) 정당한 대우 : | |

| 구분 | 내용 | 기타 |
|---|---|---|
|  | 3) 유능하고 책임감 있는 노력 :<br>4) 신속함과 완벽함 :<br>※ 핵심적 개념 : 기대하지 않았던 서비스! |  |

## Ⅰ-2. 서비스 개론 강의

※ 목적 : 고객이란 누구를 말하는 것이며, 고객이 조직에 어떠한 중요성을 가지고 있는가 라는 개념을 이해하여야 고객만족 경영기법을 이해할 수 있다.

| 구분 | 내용 |
|---|---|
| 서론 | **1. 고객의 개념 :**<br>• '고'를 한자로 표현하면 높을 高, 쓸 苦, 돌아볼 顧, 이처럼 고객은 중요한 사람으로 대접해 드려야 하는데, 못 미칠 경우는 생각지도 못하게 무서운 존재로 돌변하여 기관의 생존을 결정짓는 힘을 가지고 있다. 그러기에 긴장하며 한번 더 돌아보며 관리해 나가야 되는 지금의 고객들이라 본다.<br>• 고객의 사전적 의미 : "상점 따위에 물건을 사러 오는 사람"<br>• 고객의 범위 확대 : 나 이외의 모든 사람 |
| 본론 | **2. 고객의 유형**<br>• 내부고객, 외부고객, 잠재고객<br>• 내부고객 : 직원들 전부<br>• 외부고객 : 병원으로 표현하면 입원, 외래환자<br>• 잠재고객 : 거래처(예 : 중국집 배달원, 우유, 신문배달원, 제약회사 기타등등), 언제든 이용할 가능성이 있는 고객들 포함.<br>• 이처럼 고객의 범위는 확대되었다. 어느 누구도 함부로 할 사람이 없다는 것 명심하자.<br>**3. 고객만족(Customer Satisfation)의 정의**<br>• 고객만족이란 고객이 제공받는 제품이나 서비스가 고객의 욕구 및 기대를 최대한 충족하는 것을 의미한다.<br>• 고객만족은 곧 고객에게 신뢰감을 구축하는 중요한 요소이며 이러한 고객만족은 제품과 서비스에 대한 연속적인 소비로 인하여 제품이나 서비스 제공자로 하여금 매출 증가는 물론, 기업의 마케팅 활동에 중요한 수단이 된다. |

| 구분 | 내용 |
|---|---|
|  | 4. 고객이 만족했는지, 불만족 했는지를 결정짓는 기준은 무엇일까?<br><br>• P : 지각,  E : 기대<br>• *지각(P) < 기대(E) → 불만족(이용 중지)<br>• *지각(P) = 기대(E) → 만족(계속 이용)<br>• *지각(P) > 기대(E) → 이상적인 만족(재이용)<br><br>• 바로 위 표와 같이 사전 기대치가 높으냐, 낮으냐에 따라 만족, 불만족, 감동이 이루어진다.<br>• 지금 이 시대는 최고의 서비스를 위해 기관들마다 경쟁시대에 살아가고 있다.<br>• 기관들마다 고객들에게 제공되는 서비스의 차별화는 분명 지속되고 있다.<br>• 더 이상 고객을 타박할 수가 없다. 그만큼 요구도도 높아질 수 밖에 없다. 보아온 것이 있고, 느껴본 것이 있어서 당연시 기대하며 요구 할 수밖에 없다. 함께 발맞춰 변화에 맞서 나가야만 한다. 그러기 위해선 서비스 제공하는 여러분들의 자세는 달라져야 한다. |
| 결론 | **서비스 제공하는 사람들의 자세**<br>• ① S(sincerity, speed, smile) : 서비스에는 성의, 스피드, 스마일이 있어야 한다.<br>• ② E(energy) : 서비스에는 활기찬 힘이 넘쳐야 한다.<br>• ③ R(revolutionary) : 서비스는 신선하고 혁신적이어야 한다.<br>• ④ V(valuable) : 서비스는 가치 있는 것이어야 한다.<br>• ⑤I(impressive) : 서비스는 감명 깊은 것이어야 한다.<br>• ⑥C(communication) : 서비스에는 커뮤니케이션이 있어야 한다.<br>• ⑦E(entertainment) : 서비스는 고객을 환대하는 것이어야 한다. |

# Ⅰ-3. 서비스 개론 강의

※ 목적 : 서비스 중요성이 강조되면서 마케팅을 이루는 구성요소(4P + 4C)에도 변화된 부분을 숙지함으로 고객의 가치를 인정한다.

| 구분 | 내 용 |
|---|---|
| 서론 | • 80년대는 고객을 한 자로? 봉<br>• 90년대는 고객을 ? 소비자<br>• 2000년대는 고객을 ? 왕<br>• 변화된 고객의 중요성이 강조되면서 마케팅을 이루는 구성요소도 달라진다.<br>• 조직도, 개개인의 조직원도 이러한 환경변화에 최대한 빨리 적응해 나가야 하며, 틀에 박힌 고정관념, 안주하는 삶에서 벗어나야 한다.<br>• 고객의 가치를 인정하고 받아들여 함께 준비해 나가자. |
| 본론 | • 80~90년대 강조된 생산판매를 지향했던 마케팅 시대에서 중요한 핵심요소는 4P로만 자리매김 되었지만, 고객을 강조한 고객 서비스 지향시대를 맞아 기존 4P와 동시에 4C를 동시에 고려해 진행 되고 있다.<br>• 이처럼 기업 경영의 변화가 고객만족 경영의 새로운 패러다임이 되었으며, 최종 목적은 고객에게 '만족'을 파는데 있으며, 시대의 변화, 시장의 변화에 따라 점차 CS 경영, 고객만족 경영만이 살아남을 수 있다는 것을 현실에서 인정하고 있다.<br>• 4P : ① Product(제품)<br>　　　② Price(가격)<br>　　　③ Place(유통)<br>　　　④ Promotion(촉진)<br>• 4C : ① Customer(고객)<br>　　　② Cost(비용, 노력)<br>　　　③ Communication(커뮤니케이션)<br>　　　④ Convenience(편의, 편리)<br>• 과거 제품 판매를 지향하면서 빠른 유통과 촉진사업들로 이루어진 마케팅을 기반으로 고객의 가치를 인정하고 쌍방향 커뮤니케이션을 통해 고객의 소리에 귀 기울여 나가고 있다.<br>• 비용을 조금 더 지불해서라도 선물포장 및 배달 서비스까지 이용하고자 하는 편리를 추구하는 고객들이 늘어가고 있다.<br>• 앞으로의 시대는 더욱 당연시 될 것이다. |
| 결론 | • 피터 드러커는 우리에게 이렇게 말씀하신다.<br>• '비즈니스의 시작과 끝은 고객과 함께다' |

## I-4. 서비스개론 - 의료 서비스 포지셔닝 편

| 구분 | 내 용 |
|---|---|
| 서론 | **1. 의료 서비스 포지셔닝의 전략**<br>• 의료 서비스 포지셔닝의 전략은 의료기관 환경의 변화에 대처하기 위하여 기획 코디네이터는 의료기관의 경영목표에 따라 SWOT 분석기법을 활용한다.<br>• 의료기관에서도 마케팅 전략을 수립하는데 있어서 의료기관이 가지고 있는 내부의 강점(strengths)과 약점(weakness)을 파악하고 의료기관을 둘러싸고 있는 외부 환경 요인중 기회(opportunities)와 위협(threats)요인을 분석하여 다른 병원과 차별화될 수 있도록 고객의 마음에 명확하게 자리잡을 수 있는 포지셔닝 전략을 수립한다. |
| 본론 | 〈표-SWOT 분석과 전략〉<br><br>|  | 강점(strengths) | 약점(weakness) |<br>|---|---|---|<br>| 기회(opportunities) | SO 전략(공격적 전략) | WO 전략(방향전환 전략) |<br>| 위협(threats) | ST 전략(다각화 전략) | WT 전략(방어적 전략) |<br><br>**첫째**, SO 전략 : 내부의 강점과 외부의 기회를 극대화하는 가장 성공적인 전략이다.<br>• 높은 기술 경쟁력을 갖춘 병원들이 의료개방의 추세에 맞춰 해외시장으로 진출한다.<br>**둘째**, ST 전략 : 내부의 강점을 극대화하여 외부의 위협요소를 최소화한다.<br>• 병원 인지도가 높은 대학병원들이 경쟁적인 의료시장의 상황에 대처하기 위하여 시설, 환자, 서비스, 마케팅을 강화하고 있다.<br>**셋째**, WO 전략 : 내부의 약점과 외부의 기회를 극대화한다.<br>• 외부의 기회를 극대화하기 위하여 내부의 약점을 보완하기 위해 개발을 하거나 자원을 보충한다.<br>또한 틈새시장을 개척하기 위한 특화된 브랜드 마케팅을 전개한다.<br>**넷째**, WT 전략 : 내부의 약점과 외부의 위협을 최소화한다.<br>• 규모의 축소나 공동개원, 폐업 등을 들 수 있다.<br>• 서비스 컨셉은 병원이 고객에게 어떤 서비스를 제공하겠다는 약속 내지 의사표명이다.<br>• 병원은 일반적으로 슬로건을 통하여 약속을 하고 있다.<br>• 예를 들어 "깨끗한 병원", "친절한 병원", "함께 하는 병원" 이다.<br>• 그런데, 이는 병원 측의 의사표명인 것이고, 실제 병원 서비스는 생산과 소비에서 고객의 참여하에 이루어지며, 이들의 상호작용에 따라 서비스의 질이 다르게 인식될 수 있으므로 슬로건을 구현하는 데는 어려움이 있다. 그러므로 병원이 포지셔닝 전략을 수립할 경우, 표적시장의 고객들이 어떤 기준에 의하여 의료서비스의 질을 평가하며, 그 기준들의 상대적 중요도는 무엇인가를 찾아서 이를 기초로 고객들의 마음속에 자리를 정해야 한다. |

Part I. 서비스 개론 및 MOT 마케팅 편

| 구분 | 내 용 |
|---|---|
| 결론 | 병원은 수시로 변화하는 환경과 특히 고객의 마음을 만족시키고 가치 창조를 제공할수 있어야 한다. 이를 위해 한번 선정된 포지션에 안주하지 말고 고객의 변화에 따라 병원의 포지션도 바뀌어야 하는데, 이를 리포지셔닝이라고 한다. 미래의 병원 서비스는 보다 세분화되고 다양화되기 때문에 이러한 환경변화에서 살아남기 위해서는 끊임없이 리포지셔닝이 필요하다. |

# Ⅰ-5. 서비스개론 - 고객만족 결정 요소

※ 목적 : 고객만족을 결정짓는 요소 개념정리를 통해 어떤 다양한 시각에서 바라보고 대처해 나갈 것인지를 파악할 수 있다.

| 구분 | 내 용 |
|---|---|
| 서론 | <ul><li>피터 드러커 교수는 지금 이 시대를 '변혁의 시대' 라고 표현하고 있다.</li><li>변화의 시대에 변하지 않으면 살아남을 수 없다는 것이다.</li><li>최근에 생기고 있는 건물 인테리어부터, 내부 부대시설, 직원들의 개성 있는 제복 스타일 등 기대 이상의 조건들을 구비하며 시작되는 기관들로부터 우리는 고객만족 경영을 결정짓는 키워드가 분명히 있다는 점, 그 점들을 구분지어 보면서 다양한 시각에서 생각해 보도록 하자.</li></ul> |
| 본론 | 고객만족을 결정짓는 요소를 크게 나누어 보도록 하자.<br><br>**첫째, Hardware적 CS 요소**<ul><li>신설 기관들이 세워지는 건물 외벽만 봐도 생각의 틀을 깨고 있다.</li><li>페인트 색깔, 유리창 각도, 모양, 외벽 디자인 뿐만 아니라, 부대시설, 주차장 마련에도 신경을 쓰고 있다. 그 이유는 고객이 직접적으로 접하게 되는 물질적인 요소들로 첫 이미지를 좌우하는 부분이기 때문이다. 외벽 디자인이 너무 멋져 내부 시설도 궁금하여 들어가 본 경우도 있을 것이다. 먼저는 고객들의 기억에 멋지고 깨끗했던 그림으로 고객 눈높이에 맞춘 인테리어로 갖춰져 있다면 직접 체감해 보기 전부터 잔잔한 감동을 선사하게 될 것이다.</li></ul><br>**둘째, Software적 CS 요소**<ul><li>그 기관의 내부적으로 이루어지고 있는 무료진료, 사회적 공헌 정도, 명성, 정보망, 일처리 절차 등 체계적인 시스템으로 불편함 없이 이루어져야 한다는 점이다.</li><li>기관들마다 대외적인 홍보를 위한 네트워크를 형성하고 있으며, 지역사회 봉사하는 기관으로 혜택을 드리기 위해 노력하고 있다. 또한, 이용하는 고객들의 대기시간 단축을 위한 시스템, 사전 정보를 알아볼 수 있게 구축되어 있는 홈페이지 내용, 예약제, 고객 CRM 관리, 세부 사항들이 원활히 진행되어야만 또 한번의 만족으로 다가올 것이다.</li></ul> |

| 구분 | 내용 |
|---|---|
|  | **셋째, Humanware적 CS 요소**<br>• 하드웨어와 소프트 웨어적 요소는 기관장들의 큰 몫일 수 있지만, 휴먼웨어는 바로현장 접점에서 고객과의 만남을 이루고 있는 직원들의 역할이기에 더더욱 중요하다.<br>• 직원의 용모 복장부터 신뢰를 얻느냐, 얻지 못하느냐, 직원의 태도와 말투, 전화로 이루어지는 응대면, 현 직원들의 협조와 접점의 중요성이 부각되고 있는 휴먼웨어 요소로 인해 성패가 결정되고 있다는 점은 주변 사례에서만 듣고 보아도 알 수 있다. |
| 결론 | • 고객만족은 위 요소 간 바퀴와 바퀴가 맞물려 제대로 굴러가야만 이뤄낼 수 있다.<br>• 하드웨어, 소프트웨어, 휴먼웨어 함께 3박자간 상호 협조되어 감동을 선사하는 고객만족을 실천해 보도록 하자. |

# Ⅰ-6. 서비스 개론 – 진실의 순간(Moment of Truth)

| 구분 | 내용 | 기타 |
|---|---|---|
| 서론 | • 어원 : 원래 투우 용어로서 '소의 급소를 찔러 꺽소리 못하게 하는 순간'을 의미함.<br>• MOT라는 말의 어원을 거슬러 올라가 보면 원래 결정적 순간은 스페인의 투우용어로 투우사와 소가 일대일로 대결하는 최후의 순간을 의미합니다. 지극히 짧은 순간이지만 반드시 결판이 나게 마련인 결정적인 순간을 말합니다. CS에서는 '고객과 접하는 최초 15초간의 서비스 활동에 의해서 모든 것이 결정된다는 것을 의미하며, 결정적 순간, 진실의 순간, 평가의 순간으로 표현함 |  |
| 본론 | **1. MOT이해**<br>• 스칸디나비아 항공사(SAS) 얀 칼슨 사장은 고객과의 접점을 서비스의 질을 좌우하는 결정적인 시간으로 보고 고객과의 첫 만남이라는 짧은 시간 15초 관리에 최선을 다했습니다. 고객과의 첫 대면이 이루어지는 15초간의 짧은 시간이 회사의 이미지나 서비스 수준을 나타내 주는 결정적인 시간으로 보고 이를 진실의 순간이라고 불렀습니다. 이는 고객과 만나는 접점을 중시해야 한다는 의미로서 고객에 대한 서비스와 작은 친절로서 승부한다는 정신으로 실천하는 것입니다. SAS는 17년간 연속 이익을 올렸지만 1977년부터 80년까지 3천만 달러의 적자가 누적되었다. 1981년 SAS의 사장으로 취임한 39세의 얀 칼슨은 만성적자에 허덕이고 있던 SAS의 재건을 위하여 R. Norman의 MOT를 도입, 기업 경영에 활용하여 1년만에 20억 달러의 매출과 7,100만 달러의 흑자를 실현하였음. |  |

| 구분 | 내용 | 기타 |
|---|---|---|
|  | 사례 l MOT 싸이클 접점별 설명<br>2. 성공적인 MOT 결정 요소<br>  1) 단정한 용모와 복장 : 신뢰감 형성<br>  2) 표 정<br>    • 중국속담 – "웃는 얼굴이 아니면 가게 문을 열지 말라"<br>    • 미국의 아이다호 주 포카텔로 시 – "타인이 미소를 보낼 경우에 웃는 얼굴로 화답하지 않으면 벌을 과한다는 조례<br>    • 파리의 한 요리점 :<br>      ① 웃음은 앉아서 하는 조깅<br>      ② 웃음은 병원을 찾는 환자들에게 희망과 용기를 줍니다.<br>      ③ 독일의 알폰스 테켄교수에 의한 웃는 얼굴 4가지 철학 :<br>        – 첫째 : 건강을 위한 스마일<br>        – 둘째 : 배려와 사랑의 표현으로서의 스마일,<br>        – 셋째 : 일상생활에서 커뮤니케이션으로서의 스마일<br>        – 넷째 : (그럼에도 불구하고의 스마일)<br>      ④ 자신있는 스마일을 만들자!<br>      ⑤ 병원을 망하게 하는 가장 나쁜 바이러스는?(무표정 바이러스)<br>      ⑥ 여자는 화장, 남자는 면도<br>      ⑦ 웃으면 주름살이 늘어난다구요?<br>      ⑧ 래프와 스마일의 차이점 :<br>  3) 인  사 : 인사의 5대원칙 설명<br>  4) 정중한 동작 : 올바른 자세의 중요성, 삼점법 활용<br>  5) 대  화 : 공감적 경청법, 123화법<br>  6) 전화응대 : 보이지 않는 접점 제 1선 |  |
| 결론 | **고객의 기본적 욕구**<br>  • 기억되기 : 환영받기 : 중요한 사람으로 인식되기 : 편안함 추구<br>  • 칭찬받고 존경받고 싶어함 : 기대와 요구를 수용해주기 바람<br>**MOT의 서비스 공식**<br>  • 100−1=0(100번(명) 잘해도 1번(명) 못하면 99점이 아닌 0점)<br>  • '100−1은 0'으로 고객 감동의 접점을 만들기 위해서는 전원 참여가 필요하다. |  |

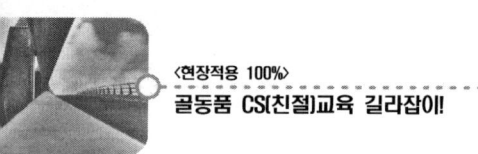

## Ⅰ-7. 외부 특강 자료 - MOT 편

〈 자원봉사자 교육 〉

|질문| 이 세상에서 가장 소중한 고객은 누구일까요? 지금 이순간 내 옆에 앉아 있는 사람..
서론 : 팔짱을 끼고/ 습관이나 행동을 바꾸는 것이 얼마나 어려운가를 보여줌.

1. 교육생들이 자연스럽게 팔짱을 끼도록 한다.
2. 다음과 같은 자세를 각각 몇 명이나 취했는지 살펴본다. 오른손을 보인사람- 왼손을 보인사람 - 양손이 보인사람- 양손이 모두 감추어진 사람- 모두에게 그들의 팔을 반대의 자세로 다시 껴보도록 한다.
3. 새로운 자세가 어떤 느낌을 주는지 물어본다. 그 대답은 다음과 같을 것이다. '몹시 어색하다, 몹시 어렵다' 등등
4. 변화란 매우 어려운 것으로 우리가 만약 자세나 행동의 변화를 시도하려면 인내 노력이 필요하다는 사실을 말한다. 우리가 팔짱을 끼는것처럼 방관적인 자세를 취할수도 있고 문제를 해결하려는 적극적인자세를 취할 수도 있다.

### 진실의 순간(MOT) : Moment of truth = 결정적 순간 = 평가의 순간

### 1 정의

1) 고객이 조직의 일면과 접촉하여 그 서비스 품질에 관하여 무엇인가 인상을 얻을 수 있는 사건 모두

### 2 직장의 MOT를 위하여

1) 단정한 용모와 복장
   - 사람들의 복장, 머리 스타일 등 겉으로 보이는 용모도 인격의 일부분이다. 때와 장소에 맞추어 아름답게 자신을 표현할 줄 아는 사람이야말로 정말로 자신을 소중히 하는 사람,

자신의 삶을 가꿀 줄 아는 사람인 것이다. 단정한 몸차림은 상대방에게 신뢰감을 주게되어 좋은 대인관계의 바탕이 되며 일의 성과에도 영향을 준다. 이제 차림새는 단순한 멋내기라 기보다 자신의 삶의 전략이다. 차림새의 기본은 '청결'에서 비롯된다.
- 표면 언어(예 : 명찰, 두발, 손톱, 염색)
- T.P.O에 맞춘 균형감각을 지녀야 한다.

## 2) 밝은 표정

- 얼굴은 얼의 거울의 준말이다. 사람의 첫인상은 대개 그의 표정에서부터 시작된다. 누구나 어두운 표정의 사람보다는 밝고 건강한 이미지를 지닌 사람과 가까이 하고 싶다. 주위 사람들이 내 표정을 보고 어떤 느낌을 받을까? 풍부한 얼굴 표정을 짓기 위해서 다른 운동과 마찬가지로 평소에 안면 근육 운동이 필요하다. 길거리에서 바삐 지나가는 사람들의 표정을 유심히 살펴본 적이 있는가? 환한 표정, 정다운 표정, 친근감을 주는 표정보다는 화가 난 듯한 표정, 심각한 표정, 무뚝뚝한 표정, 무감각한 표정이 훨씬 많다는 것을 발견하게 된다. 밝은 미소가 좋다는 것은 누구나 공감하지만 밝은 미소를 짓는 것은 생각처럼 쉽게 되지 않는다.

> **POINT**
>
> **실습 : 안면근육이완운동 – 민들레, 진달래, 막걸리, 노가리, 위스키**
> - "회사에서는 위스키 – 가정에서는 사랑해 –"
> - "인상이 변하면 인생이 변한다.."
> - 눈썹의 미학 –
> - 눈표정 – 시선의위치
> - 입표정 –

- 좋은 표정을 짓기 위해서는 첫째, 평소 거울을 자주 보는 습관을 기른다. 두 번째 좋은 표정을 짓기 위한 표정 훈련을 지속적으로 실시한다. 셋째, 근육 훈련만으로 표정이 자연스럽게 밝아지는 데는 한계가 있다는 점을 명심하고 밝고 좋은 생각, 마음의 여유를 가지려는 노력을 기울인다. 나이팅게일은 "여성에게 있어서 최고의 화장술은 웃는 것이다"라고 하였다. 중국인들은 "웃는 얼굴이 아니면 가게 문을 열지 말라" 고 하였다. 미소는 마인드 컨트롤 효과를 갖는다. 미소는 외부의 자극에 의해 무심코 반사적으로 터져 나오는 웃음(Laugh)이 아닌 본인이 미리 의식하여 만들어내는 능동적인 웃음(smile)이다.

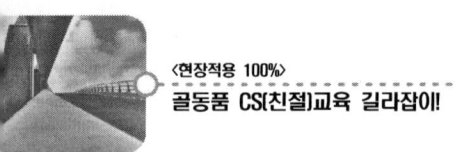

> **POINT**
>
> **웃으면 주름살이 늘어난다구요?**
> - 이렇게 의식상태에서 긴장하며 미소를 짓다보면 기분까지 저절로 좋아지게 된다.
> - 미소는 하루아침에 얻어지는 것이 아니다. 진정한 미소는 평소 밝은 마음을 갖고자 하는 꾸준한 자기 관리를 통해서 우러나오게 될 것이다. 미소는 예절바른 사람이 갖추어야 하는 중요한 습관중의 하나이다. 윌리엄제임스는 "사람의 생각이 바뀌면 행동이 바뀌고 행동이 바뀌면 성격이, 성격이 바뀌면 운명이 바뀐다"고 하였다. 매사를 밝게 생각해야 겠다고 사고의 전환을 하게 되면 미소가 생활화 될 수 있으며 미소가 생활화되다 보면 긍정적이고 적극적인 밝은 품성을 갖게 되고 밝은 품성을 갖고 생활하다 보면 행복한 인생을 살게 된다. 사람이 사람을 좋아하는데는 의외로 단순하다. 자신의 행복한 인생을위해 미소짓기를 생활화하도록 사고의전환을 할 만하지 않은가.

3) 마음을 여는 인사

- 인사란 사람들이 하는 일이다. 인사는 평범하고도 대단히 쉬운 행위이지만 습관화되지 않으면 실천에 옮기기가 어렵다. 인사를 습관화 하게 되면 그늘진 성격이 밝아지고, 소극적인 사람은 적극적으로, 정적인 사람은 동적으로, 우울한 사람은 명랑하게, 꽉 막힌 사람은 탁 트인 사람으로 변하게 된다.

> **POINT**
>
> **인사의 5원칙**
> - 인사는 내가먼저/상대를 바라보며/밝은 표정으로/인사말과 함께/허리 숙여한다.
>   (예 : 내가 먼저인사하기/눈맞으면 인사하자)

4) 정중한 동작

- 내가 하기에 편안한 동작에서 이제는 타인에게 좋은 느낌을 주는 동작..

5) 대 화

- 대화에 있어서 상대방을 올바른 자세에 못지않게 중요한 것은 표현을 어떻게 할 것인가 하는 점이다. 이는 똑같은 말과 행동도 어떻게 표현하느냐에 따라 받아들이는 상대방이 호감을 갖느냐, 그렇지 않느냐와 같은 결정에 많은 영향을 주기 때문이다. 상대방에게 좀 더 다가설 수 있는 신뢰와 친밀감을 더해주는 표현의 사용은 커뮤니케이션에 있어서

중요하다 할 것이다.

(1) 경어법과 호칭
- 상대방을 부를 때 우리는 어떠한 호칭을 사용하며, 또 어떠한 어휘를 사용하고 있는가, 혹 상대에게 정중하지 못한 어휘와 호칭을 사용하고 있지는 않은가. 우리가 종종 저지르기 쉬운 실수 중 하나가 호칭과 말투의 문제이다. 이는 직원간의 대화 속에서도 마찬가지이며 고객과의 대화 속에서도 주의해야 할 점이다.

(2) 내부고객
- 업무상의 대화 속에서도 상대방을 존중해 줄 수있는 어휘를 사용한다.
- (상대방의 직책과 업무에 맞는 호칭) – 당신이 불리우고 싶은 호칭이 가장 멋진 정답!

## 6) 전화응대
- 파도타기~ / 고.미.실.천

## 7) 경  청
- 123 기법

    ※ 이 세상에서 가장 먼 거리는?(머리에서 발까지의 거리)

    ※ 5−3=2(어떤 오해가 있더라도 세 번이상 생각하면 이해할 수 있다)

    ※ 2+2=4

    ※ 내부고객/외부고객

---

1,000명에게 인생에서 가장 원하는 것이 무엇이냐고 묻는다면 대부분의 사람들이 행복을 첫 번째로 꼽을 것입니다. 또 가장 행복하게 만들어주는 것이 무엇이냐고 물어본다면 압도적으로 대다수의 사람들은 사랑하는 사람들과 좋은 관계를 맺는 것이라고 말할 것입니다.
당신의 인생을 잘 살펴보기 바랍니다. 당신의 인생에서 중요한 사람들, 즉 사랑하는 사람들과 잘 지내고 있다면 당신은 행복한 사람입니다. 삶에서 인간관계의 역할을 살펴볼 때 당신 자신에 대해 먼저 생각해 보세요. 인간관계가 어떤가요? 그렇지 않다면 어떻게 노력하고 있나요?

<현장적용 100%>
골동품 CS(친절)교육 길라잡이!

# Ⅰ-8. 외부 특강 자료 - MOT 편

〈○○○대학교 워크샵 특강〉

| 구분 | 내 용 | 기타 |
|---|---|---|
| 서론 | • (spot)시작하면서 : 우리의 고객은 누구입니까? 나 이외의 모든 사람.내동료, 상사, 후배, 내가 만나는 모든 사람이지요. 그 중에 가장 소중한 고객은?<br>• (당신은 정말 소중한 사람입니다.) - 다같이 고백하는 시간<br>• (spot)복 중에 가장 큰 복은? 행복 여러분과 저에게 행복의 초대장을 드립니다. | 자기소개 |
| 본론 | 1. MOT 구체적인 정리<br>• 고객이 조직의 일면과 접촉하여 그 서비스 품질에 관하여 무엇인가 인상을 얻을 수 있는 사건모두.(15초) MOT라는 말의 어원을 거슬러 올라가 보면 원래 스페인의 투우 용어로 투우사와 소가 일대일로 대결하는 최후의 순간을 의미한다. 지극히 짧은 순간이지만 반드시 결판이 나게 마련인 결정적인 순간을 말한다. 그래서 스칸디나비아 항공사 얀 칼슨 사장은 고객과의 접점을 서비스의 질을 좌우하는 결정적인 시간으로 보고 고객과의 첫 만남이라는 짧은 시간 15초 관리에 최선을 다했다. 고객과의 첫 대면이 이루어지는 15초간의 짧은 시간이 회사의 이미지나 서비스 수준을 나타내 주는 결정적인 시간으로 보고 이를 진실의 순간이라고 불렀다.<br><br>2. 성공적인 MOT를 위하여 :<br>① 용모와 복장 : (명찰, 악세사리, 머리등)T, P, O에 따라 달라진다. 신뢰감<br>② 표정 : 얼굴 모습은 선천적으로 타고나는 것이지만, 밝고 호감 가는 표정은 타고나는 것이기 보다는 연습을 통해서 가꿀 수 있는 것이다.<br>• 안면근육이완운동 : 눈썹 - 반가움을 두배로 나타내주기 위해<br>• 아, 에, 이, 오, 우, 하, 헤, 히, 호, 후 "인상이 바뀌면 인생이 바뀐다." 관상학적으로 입꼬리가 올라간 사람과 입꼬리가 내려간 사람을 볼 때 입 꼬리가 올라간 사람은 재복이 많이 들어온다 했다.눈과 입의 조화/사진 찍을때 김치, 치즈, 위스키 비교 후 위스키5회 반복, 아무리 아름답고 훌륭한 미소라 할지라도0.1초 또는 1초 만에 사라지는 미소라면 과연 그것이 미소로서 의미가 있겠는가? 적어도 사람을 만난 첫 인상을 심어주는 10초 정도는 미소를 유지할 수있어야 한다. 그런 취지에서 '위스키'를 한 상태에서 10초간 멈춰 유지하는것을 연습해 본다.<br>「3회 반복)(SPOT)가위, 바위, 보 - 안면근육을 이용하여<br>• 모나리자와 하이탈의 표정 비교 :<br>• 스마일과 래프의 비교 :<br>• 독일의 알폰스 테켄교수에 의한 웃는 얼굴 4가지 철학<br>- 첫째 : 건강을 위한 스마일(미국의 조일 굿먼 박사에 의하면 하루에 열다섯번 이상 웃는 사람은 의사를 멀리 할 수 있다고 한다.특히 하루에 세 번만 크게 | 웃음치료도입내용공부 |

| 구분 | 내 용 | 기타 |
|---|---|---|
| | 웃으면 조깅을 한 것과 똑같은 효과) 우리나라 속담에도 '웃는 문으로는 만복이 들어온다'는 말이 있듯이 웃음은 만복의 근원인 건강을 지키는데 필수적인 것이다.<br>   – 둘째 : 배려와 사랑의 표현으로서의 스마일<br>   – 셋째 : 일상생활에서 커뮤니케이션으로 스마일<br>   – 넷째 : 그럼에도 불구하고의 스마일<br>  • 나 자신과 직장을 망하게 하는 가장 나쁜 바이러스는? 무표정<br>  • 웃으면 주름살이 늘어난다구요?<br>③ 인사 : 사람인, 일사–사람들만이 누릴수 있는 특권, 인사의 주도권을 잡자<br>  • 처음 상대를 봤을 때 예의있는 사람과 예의 없는 사람의 기준은 무엇으로 평가하는가?<br>  • 아무리 표정이 좋고, 외모가 아름다우며, 성격이 좋은 사람이라 하더라도 인사를 하지 않는 사람을 보면 긍정적인 이미지를 갖지 못한다.(공수법 : 남좌여우)<br>  • 인사의 5가지 원칙 : 인사는 내가먼저/상대를 바라보며/밝은표정으로/인사말과함께/허리숙여한다.(말톤과 표정의 밀접한 관계 : 파도타기인사)(일본–고, 미, 실, 천)<br>④ 정중한동작 : 1 : 1안내, 손가락질 주의<br>⑤ 대화 : 경어사용, 대화시 호칭주의,<br>  • 같은 말을 표현하더라도 따뜻하게 쿠션용어를 사용함으로써 상대방에게 부드럽고 따뜻한 말을 전해 줄수 있다. 쿠션 언어 사용방법(죄송하지만, 번거로우시겠지만, 괜찮으시다면, 불편하시겠지만, 실례합니다만)<br>⑥ 전화응대 : (김치)파도타기 적용–말투 오해 최소화<br>⑦ 경청 : (Two eyes, Two ears, Only one mouth : 눈이 둘, 귀도 둘, 입은 하나 123기법)<br>  • 자신은 적게 말하고 상대방을 많이 보고 상대방 얘기를 많이 듣는게 중요하다. 대화할 때 자신의 의사를 상대방에게 정확히 전달하는 것도 중요하지만 남의 말을 잘 듣는 것은 더욱 중요하다. 매력적인 사람, 다시 만나고 싶은 사람이 되고 싶다면 누군가의 이야기를 잘 들어주세요. | |
| 결론 | • 패러다임 : 우리는 세상을 볼 때 있는 그대로를 보는 것이 아닙니다. 각자 자신이 경험하고 느낀 대로 세상을 보는 것이다. 즉, 패러다임이란 '자신이 세상을 보는 관점'을 말한다. 예를 들어 안경을 쓴 사람에게 왜 안경을 썼느냐고 물으면 대개는 안보여서 쓴다고 말한다. 그러나 잘 생각해 보자.<br>• 정말 안보여서 안경을 쓰는 것인가? 아니면 잘 보려고 쓰는 것인가? 그들의 삶에는 큰 차이가 있지 않을까요? 고정관념을 깨도 아프지 않다.<br>• 생각을 바꾸면 미래가 바뀐다.<br>• 이 세상에서 가장 먼 거리는 어디서부터 어디라고 생각하십니까?<br>• 머리부터 손과 발까지의 거리. | 음악 잔잔하게 |

**〈현장적용 100%〉**
**골동품 CS(친절)교육 길라잡이!**

| 구분 | 내 용 | 기타 |
|---|---|---|
| | • 과거 드라마 여러 사람들의 인기를 한 몸에 받았던 천국의 계단에서 권상우가 바닷가에 돌을 던지며 명언을 남겼던 말이 있는데. "사랑(친절)(배려)(관심)은 돌아오는 거야"(다같이)<br>• 행복한 사람은 친절할 수 있는 마음의 여유가 있다. 행복한 기업은 고객의 소리를 듣고 고객만족을 위해 노력하는 여유가 있다. 그리고 그 친절은 돌고 돌아서 우리 모두를 행복의 길로 초대한다.<br>• 다 같이 팔짱을 한번 편하게 끼어보시겠어요?<br>• (오드리헵번이 딸에게 남긴 유언) 마무리 - - | |

# Part. II 서비스 마인드 중점 교육

## Ⅱ-1. 서비스 마인드-뉴 패러다임 Ⅰ

※ 목적 : 21세기 새로운 패러다임을 통한 전 직원의 긍정적 서비스 마인드를 향상 시켜 나간다.

| 구분 | 내용 | 기타 |
|---|---|---|
| 서론 | SPOT(분위기 연출) :<br>• 우리의 고객은 누구입니까? 내 동료, 내 상사..<br>• 그 중에 가장 소중한 사람은? 지금 이 순간 내 옆에 앉아 있는 분..<br>• 옆에 앉아 계신 분들 게 기분 좋은 인사말 : 대단 하십니다~~<br>• 고객은 항상 불평 불만자이며 어떤 경우에도 고객은 주장이 있어서는 안된다는 지난 달의 수직적 사고와 행동으로부터, 고객 때문에 기업이 살아갈 수 있고 종업원의 임금이 주어지고 이러한 상호작용에 따라 우리 스스로 사회적 가치를 생산해 내는 창조활동에 대한 자부심을 지니는 신사고 즉 뉴 패러다임(New Paradigm)을 지녀야 할 것이다. | 자기<br>소개<br><br>스팟<br>활용 |
| 본론 | (질문) 패러다임이란? 사물을 보는 관점이나 사고의 틀!<br>• '패러다임'이란 말은 '사고 및 인지체계의 총합'을 의미하며 Thomas Kuhn의 〈과학적 혁명의 구조〉에서 처음 사용되었다.<br>• 우리는 세상을 볼 때 '있는 그대로'를 보는 것이 아니다.<br>• 각자 자신이 경험하고 느낀 대로 세상을 보는 것이다.<br>• 즉 패러다임이란 '자신이 세상을 보는 관점' 을 말한다.<br>※ PPT 제시-생각의 유연성 훈련(그림 착시현상 계열)<br>• 대내외적으로 급격하고 변화하는 상황에 대처하기 위해서는 기존의 우리가 가지고 있는 전통적인 사고, 낡은 사고에서 과감하게 탈피하여 환경변화를 리드하기 위한 새로운 패러다임을 가져야만 살아남을 수 있다.<br>[예] 직장에서 일을 하고 있는 사람의 생각들..(예 : 집안일, 아이들 생각 등 다양). | 스팟<br>정답자<br>(선착순<br>1명)<br>선물<br>증정 |
| 결론 | (사고방식의 전환) 100-1 = 0 내용 질문?<br>• 고객을 만족시키기 위해서는 직원 100명 중 1명이라도 불만족을 주었을 때 그 결과는 99%의 만족에 1%의 불만족이 아니라 0%의 만족을 초래한다.<br>• 고객을 만족시키기 위해서는 모든 사람의 노력이 필요하지만, 불친절하고 고객을 만족시키지 못하는 데는 한 사람이라도 충분하다는 의미.<br>• (숫자를 통한 서비스 공식)<br>• 5-3 = 2(어떤 오해가 있더라도 세 번만 생각하면 이해할 수 있다.)<br>• 2 + 2 = 4(이해하고 이해했더니 사랑하게 되었네요, 안쓰러움도 사랑의 일종)<br>• 서로서로 톱니바퀴도 잘 맞물려야 잘 굴러가듯이, 각 접점별 부서에서 고객 한분 한분의 중요성을 절실히 느끼고 잘 협조하여 오신 분들에게 웃음을 드릴 수 있는 저희 직원, 기관이 되길 바란다. | |

# Ⅱ-2. 서비스 마인드 - 뉴 패러다임 Ⅱ

| 구분 | 내 용 | 기타 |
|---|---|---|
| 서론 | **고객의 변천사 : 질문〉 80년대(수요〉공급) : 고객을 한 자로? 봉!**<br>• 90년대(수요=공급) 고객의 위치가 점점 더 상승했지요.. 고객은? 소비자로 등극..<br>• 2000년대(수요〈공급) 다시 고객을 한 자로? 왕!<br>• 고객의 기대치가 높아짐에 따라 차별화된 서비스가 필요하고 그에 맞는 친절 서비스는 이 시대 당연히 이루어져야 하는 실천 교육이 되고 있다. | 자기<br>소개<br>스팟<br>활용 |
| 본론 | **친절이란? 남에게 보상을 바라지 않고 호감과 기쁨을 주고 고마움을 느끼게 하기 위한 정성된 마음가짐과 몸가짐**<br>• 우리가 부모님께 잘하면 효도한다고 말하고, 형제간에 잘하면 우애가 깊다고 말하며, 친구들끼리 잘 지내면 우정이 있다고 말한다. 그러나 남에게 잘하면 친절하다고 한다.<br>• 친절은 바로 남에게 잘하는 것이다.<br>**인간관계에서 성공하려면 3방문? : 입방문, 손방문, 발방문을 잘하라.**<br>**고객을 잃는 이유? 태도68%, 제품 14%, 경쟁 9%, 변화 5%, 이동 3%, 사망 1%**<br>• 고객 감동 전략<br>• (BY : 고객 감동도 조사(Needs)에 의해<br>• OF : 상품, 서비스, 행동의 질을 혁신하여<br>• FOR : 내부고객과 외부고객, 매개고객을 감동시키는 것<br>**나의 고객은 누구인가? 내부고객 - 외부고객 - 매개고객의 구분정리**<br>• 내부고객을 감동시키지 못하고 외부 고객을 만족시키려고 하는 것은 마치 나무위에서 고기를 낚으려고 하는 것과 같다.<br>**고객 감동 서비스란? 고객만족 : 사전기대〈사용실감**<br>• 고객감동 : 사전기대〈〈사용실감<br>• 고객감격 : 사전기대〈〈〈사용실감<br>**(질문)패러다임이란? 사물을 보는 관점이나 사고의 틀!**<br>• SPOT〉 고정관념을 깨자 : 직선 4개를 그어 다음 9개의 점들을 연결하시오. | 스팟<br>정답자<br>(선착순<br>1명)<br>선물<br>증정 |
| 결론 | **사고방식의 전환) 猛狗酒店(맹구주점)이란 말이 있다.**<br>• 어떠한 사고의 관점에서 보느냐에 따라 그 원인의 해석과 문제의 해결방식은 크게 달라진다. 사고의 관점 즉, 패러다임을 바꾸지 않으면 문제도 보이지 않고 또한 해결방법은 더구나 보이지 않는다. 패러다임이 중요하다는 예로 중국의 고사성어 狗猛酒酸(구맹주산)..옛날 그 술집의 개가 사나우면 술이 팔리지 않으며, 술이 식초처럼 시어져서 버려야 한다는 뜻..<br>**(질문)이 세상에서 가장 먼 거리는? 머리(생각)부터 발(실천)까지의 거리**<br>• 전 직원이 시대의 흐름을 반영하여 고객중심의 서비스를 실천하는데 당연한 의무로 작은 것부터 실천에 옮겨 점점 발전된 기관이 될 수 있길 바란다. | |

## Ⅱ-3. 서비스 마인드 – 진정한 서비스맨 자세

| 구분 | 내 용 | 기 타 |
|---|---|---|
| 서론 | **지금 대부분의 모든 직종이 서비스업이다. 그곳에서 일하는 분들은 서비스맨이다.**<br>• 서비스업에 종사하는 사람은 모두 서비스맨인가?<br>• 당연히 대답은 "NO"이다.<br>• 첫째, 서비스맨은 우선 마음이 아름다운 사람이어야 한다. "남을 배려할줄 아는사람"<br>• 둘째, 끼가 있는 사람이어야 한다. "남을 즐겁게 할 수 있는 사람"<br>• 셋째, 프라이드를 가진 사람, "나에게 충실할 수 있는 사람"<br>• 마지막으로 날마다 새로운 사람, "항상 기가 충만한 사람"이다. | 자기<br>소개<br><br>스팟<br>활용 |
| 본론 | **사람의 유형을 다음과 같이 비유해 보자.**<br>• 당근과 달걀 그리고 커피가 있습니다.<br>• 그리고 물이 담긴 세 개의 냄비를 불 위에 올려 놓습니다.<br>• 첫 번째 냄비에 당근을 두 번째 냄비에는 계란을 세 번째 냄비에는 커피를 넣습니다. 그리고 이 3개의 냄비를 15분 동안 끓입니다.<br>• 이제 우리가 넣은 것들을 꺼내 봅시다. 당근은 들어갈 때 딱딱했었지만 물컹물컹해졌고 계란은 들어가기 전에 부드러웠지만 단단해졌습니다.<br>• 그러나 커피는 어디론가 사라져 버렸습니다.<br>• 대신 물은 색을 갖게 되고 좋은 향이 납니다. 끓는 물은 우리의 고난과도 같습니다.<br>• 우리는 당근처럼 될 수 있습니다.<br>• 자신감 넘치고 힘차게 들어가지만 너무 힘들어 지치고 희망을 잃고 결국 포기한다. 우리는 달걀처럼 될 수도 있습니다.<br>• 시작할 땐 부드럽고 감성적이지만 결국 무뚝뚝하고 무감각해집니다.<br>• 서로를 헐뜯고 우리 자신도 미워하고 감정이 무딘 사람이 됩니다.<br>• 그러나 우리는 커피처럼 될 수도 있습니다.<br>• 물은 커피가루를 변화시키지 않습니다.<br>• 커피가루가 물을 변화시키는 것입니다. 물은 커피로 인해 변화한다.<br>• 일이 잘 풀리지 않을 때 당신은 어떤 사람입니까? 당근입니까? 달걀? 커피입니까? | P.P<br>자료<br>도입 |
| 결론 | • "누가 왕이 될 것인가?"<br>• 과연 누가 왕인가?<br>• 흔히들 고객은 왕이라는 말을 많이 한다.<br>• 정말이지 왕처럼 섬겨야 하고 받들어야 하며 소중하게 여겨야 한다. 그렇다! 맞는 말이다. 그러나 한번 더 생각해 보자. 고객을 왕처럼 모시려면 우리가 어떤 상태에서 서비스를 제공해야 하는지…<br>• 우선 자신감이 있어야 한다. 왕을 섬기기 위해서는 우리가 왕이 되어야 한다. 그렇지 않으면 왕의 심리상태를 알 수 없고 정말 원하는 것이 무엇인지를 모르게 된다. | |

| 구분 | 내 용 | 기타 |
|---|---|---|
|  | • 서비스도 받아본 사람이 한다고 우선 왕이 되자.<br>• 우리의 가치, 품격을 높이는 것이 급선무다.<br>• 그 다음에 고객을 생각해도 늦지 않다. |  |

# Ⅱ-4. 서비스 마인드 - 행복 전도사

| 구분 | 내 용 | 기타 |
|---|---|---|
| 서론 | • SPOT : (질문)복 중에 가장 큰 복은? 행복.<br>• 여러분과 저에게 행복의 초대장을 드립니다. 우리는 분명 행복해질 권리가 있습니다.<br>• 하지만 진정 행복한 사람은 그리 많지 않아 보입니다.<br>• 그것은 사람들이 스스로 행복을 만들지 않거나 혹은 만드는 방법을 모르기 때문입니다. 스스로 행복해지려고 노력하는 것이 타인을 행복하게 해주고 결국은 우리 모두를 행복하게 해줍니다. | 자기<br>소개<br>스팟<br>활용 |
| 본론 | • 행복한 사람은 친절할 수 있는 여유가 있습니다. 행복한 기업은 고객의 소리를 듣고 고객만족을 위해 노력하는 여유가 있습니다. 그리고 그 친절은 돌고 돌아서 우리 모두를 행복의 길로 초대한다. 마침내 그 행복은 눈덩이처럼 불어서 자신에게 다시 돌아온다는 단순한 진리를 우리는 자주 잊곤 한다. 나를 바로 세우면서 내가 베푼 친절과 서비스가 가정의 화목과 직장 생활뿐만 아니라 기업의 매출 증대에까지 영향을 미치고 결국은 세계 평화에까지 이바지 하게 됩니다.<br>• 우리 주위에는 마음의 금을 그어놓고 한 발짝도 상대에게 다가서지 않으려 하는 사람들이 점점 많아지고 있습니다. 고객 앞에 금을 그어놓고 조금도 손해를 보지 않으려 하는 기업들이 점점 많아지고 있습니다. 이웃 나라에 금을 그어놓고 다른 나라에는 전혀 도움을 받지 않으려 하는 나라들이 점점 많아지고 있습니다.<br>• 우연히 라디오에서 듣게 된 '3초의 미학' 이라는 멘토가 지금도 생생하다.<br>• 아름다운 그 멘트를 듣고 내 식대로 응용해서 생각했던 것을 적어둔 기억이 난다.<br>• 지금 생각해 보니 그 '3초의 미학'의 기본 원칙은 역지사지에서부터 시작된다.<br>• 상대가 '왜 그럴까?' 를 3초 동안 생각하면서 상대를 이해하려고 애를 써보는 것이다.<br>   - 도로에서 갑자기 끼어드는 차,<br>   - 아이가 갑자기 먹던 밥을 뱉어낼 때,<br>   - 동료가 아침부터 인사를 해도 퉁명한 얼굴로 있을 때,<br>   - 커피전문점에서 한참을 기다려도 커피가 나오지 않을 때. | P.<br>P<br>자료<br>도입 |

<현장적용 100%>
**골동품 CS(친절)교육 길라잡이!**

| 구분 | 내용 | 기타 |
|---|---|---|
| | - 지나가는 어린이와 눈이 마주친다면..<br>• 3초만 여유를 갖고 생각하면 상대가 달라 보인다. 상황이 부드러워진다.<br>• 내가 너그러워진다. 살맛나는 세상이 된다.<br>• 부드러운 표정으로 거울을 보면 거울 속의 나는 마음에 든다. 생활속에서 부딪히는 많고 많은 사람들의 표정은 '또 다른 나' 이다. 상대는 나의 거울이다.<br>• 상대의 밝지 못한 표정이 불만이라면 나의 표정<br>• 에 문제가 있음을 탓하라. 상대의 불친절로 속상했다면 또 다른 나에게 내가 느꼈던 행복 바이러스를 두 배로 전염시켜 보자!<br>• 그 바이러스는 공기 중에 퍼지고 퍼져 언젠가는 내가 또 호흡하게 될 것이다.<br>• 결코 밑지지 않는 장사 아닌가! | |
| 결론 | • **사례)** 제대로 된 도자기 하나를 만들기 위해 수천 수만 개의 도자기를 아낌없이 깨부술 수 있는 것도 바로 '완벽을 기하고자 하는 철학' 이 있기 때문이 아닌가!<br>• 물론 본인 스스로의 철학일 수도 있고 그 도자기의 임자가 될 사람에 대한 고객만족을 위한 철학일 수도 있다.<br>• 친절은 바람에 날아가는 꽃씨처럼 나의 됨됨이가 자연스레 번식하는 생활문화입니다. 이제는 가식이 아닌 진정한 미소로 타인의 마음을 사로잡을 수 있는 우리 모두가 되고 싶습니다. 기분좋게 생활속에서 행복을 뿌려주는 '행복 조율사' 가 되어보자. | |

※ 참고자료 : 박영실..서비스는 힘이세다!

# Ⅱ-5. 서비스 마인드 - 서비스철학

| 구분 | 내용 |
|---|---|
| 서론 | • 서비스는 수단이 아니라 철학이다. 고객은 정말 무서운 존재다. 그러면서도 고객은 정말 고마운 존재다. 그리고 꼭 필요한 존재다. 예측을 불허할 만큼 다양한 형태로 변화하는 존재가 바로 고객이다. 여러분은 그런 고객을 제대로 알고 있는가.. |
| 본론 | • **사례1)** 자주 가는 음식점이 있다. 주로 된장찌개를 파는 집이다. 언제가도 손님이 많아 빈자리를 찾기가 쉽지 않다. 반면 바로 옆집은 똑같은 된장찌개를 파는데 언제 봐도 파리만 날린다. 궁금해진 손님은 주인에게 물었다. 그런데 그 대답이 걸작이었다.<br>- "글쎄요, 옆집과 저희 집은 업종이 다른 것이 아닐까요? 옆집은 된장찌개를 팔지만 저희 집은 서비스를 팔기 때문인 것 같습니다." 그때서야 그 집에 손님이 많은 이유를 알 것 같았다. 얼마나 자신감이 넘치는, 소신 있는 말인가! 고객은 단순히 된장찌개를 원하는 것이 아니라 된장찌개를 통해 따뜻한 서비스를 원한다는 사실을 그 집 주인은 명쾌하게 알고 실천했던 |

| 구분 | 내용 |
|---|---|
|  | 것이다.<br>• **사례2)** 삼성그룹 본관 근처는 점심시간이면 그야말로 난리가 난다.<br>– "오늘은 어떤 음식을 먹어야 잘 먹었다고 소문이 날까?" 하면서 앞뒤 좌우 그 수많은 식당 간판을 둘러보며 골라잡기에 여념이 없는 직장인들. 그렇게 넘치도록 수요가 많은 곳이다 보니, 공급자 입장에서 고객 만족에 대해 그리 크게 고민을 하지 않게 되나 봅니다. 샐러리맨의 금쪽같은 점심시간을 충분히 활용할 수 있도록 신속하게 원하는 음식을 대령하면 된다는 아주 원초적인 고객만족만 성사시켜도 웬만큼 고객은 몰려들기 때문이다. 그런 스피드 서비스에 집중해서 신경을 쓰다 보니 따뜻한 말 한마디, "맛있게 드세요."등의 인사치레조차 아예 기대도 하지 않게 된다. 그는 처음 가는 된장찌개 집 문 앞에서 5분을 기다려야 했다. 마침내 자리에 앉으니 찌개와 함께 날계란 하나 그리고 큰 그릇이 딸려 나오기에 나는 그게 뭐냐고 물었다. 그러자 이상한 사람 쳐다보듯이 하며 주인 아주머니 대뜸 하시는 소리. "여기 처음 오나? 모르면 옆사람 하는거 보고 따라하면 되지! 뭘 물어?"<br>– 주위 사람들이 모두 날계란을 깨서 그 큰 그릇에 넣고 비벼 먹길래 늦게나마 알기야 알았지만. 다시는 그 집에 가고 싶지 않았다. 비록 그 맛은 일품이었지만..<br>– 나중에 들은 이야기지만 그 집은 그래도 친절한 편이란다.. 말대꾸라도 해줬으니..<br>– 아예 들은척도 안하는 집도 수두룩하다는 것이 아닌가! 수요가 많다보니 공급자의 마인드에 자만이 싹트기 시작한 것이다. 음식이 맛있는 한, 그리고 주문하자마자 '짠' 하고 음식을 갖다 던지는? 스피드 전략이 있는 한 '고객은 절대로 이곳을 떠나지 못해! 라는 자만심이 말이다. 하지만 이것은 하나는 알고 둘은 모르는 소리이다. 급기야, 이런 집에도 지각변동이 일어나고 말았으니 이런 불친절에 분노를 느낀 한 직원이 이 불친절한 식당에 가지 말자는 '안티 사이트'를 만들어 전 직원에게 불을 지핀 것이다. 물론 그 집의 음식맛을 잊지 못해 가는 직원도 있었지만.. 이 안티 사이트의 소문이 꼬리에 꼬리를 물어서 주변 식당에까지 퍼지게 되었다.<br>– 주변 식당 주인들은 우리 식당도 이런 '안티 사이트' 대상이 되지는 않을까 노심초사 하게 되었고 예전보다 더 친절해 지려고 조금씩 발버둥치게 되었다. 손님에게 한마디도 안하던 주인은 한 두 마디씩 인사를 건네게 되고 '탁' 하고 그릇을 거의 내던지다시피 하던 거친 손길도 공손해지게 된 것이다. 이런 변화를 목격하게 된 고객들은 내심 놀라게 되었다. 서서히 그 놀라움은 당연함으로 여겨지게 되었고 이런 친절을 자연스럽게 받아들이게 되었다. 그리하여 이런 친절을 행하지 않는 식당엘 가게 되면 노여움이 생기게 되고 또 안티 사이트가 만들어지게 되었다. 이런 사이클이 느리게 진행되면서 식당주인들은 고객의 무서움을 온몸에 떨어가며 느끼게 된 것이다. |
| 결론 | • 결국 무모한 자만심으로 장사를 했던 고객만족 철학이 없는 식당 주인들을 고객들이 일깨워 준 것이다. 앞의 사례에서 보았듯이 계산적인 우리의 단단한 이성이 정성 담긴 서비스 앞에서 부드럽게 녹아버리는 경우를 우리는 생활 속에서 종종 발견하게 된다.<br>• 서비스 파워를 실감하지 않을 수 없다. |

※ 참고자료 : 박영실..서비스는 힘이 세다.

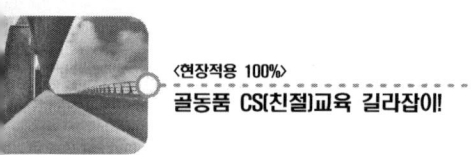

## Ⅱ-6. 외부 특강 자료 – 마음을 치료하는 의료인

<서론 : 병원이 변해야 한다. 질문) 어떻게 변해야 할까요?>

**1** 팀 게임 : 드라마 제목 : 보여주며..

- 브레인 서바이벌 게임 : 가요제목, 과자이름(스낵면), 과일이름, 세 가지 단어 맞추기

**2** 서비스의 정의 연상되는 단어 : 선택

- 서비스의 법칙 : 1+1=2 / 100-1=0(쌓아가긴 어렵지만 무너지는 것은 한순간)

< 본론 : 시대의 변화와 고객만족의 중요성 >

| 시대의 변화 | 수요공급측면 | 판단요소 |
|---|---|---|
| 1960~70년대 | 수요<공급 | 봉 |
| 2000년대 | 수요>공급 | 왕 |

전 국민 의료보험제도/ 소득수준향상/ 평균수명연장

**3** 3C의 시대

1) 기대 > 경험 → 6. 고객만족이란?
   - 불만족 → 이용중지, 이탈(1인 20명 정도이야기)
   - 20명이 각자 5명에게 이야기 → 100명 정도(1당 100효과)

2) 기대 = 경험 /③ 기대<경험 → 고객감동

**4** 동영상 자료(감탄! 무한감동서비스 비법)

**5** 고객이 진정으로 원하는 것은? 동영상 자료(마저리 영화 준비)/ 엄지공주 동영상

6 마음을 치료하는 의료인 : ① 부드러운 목소리 ② 상황에 맞는 표정

7 스펀지(밝은 표정과 목소리) : (웃는 얼굴)로는 화난 목소리를 낼 수 없다.
(무표정 사진)

8 웃는 연습(실습) : 스탠드 바이 스마일~~ 으흠~~ 안녕하십니까?

9 우리에게 오신 환자분의 심리상태 확인 :

10 마음을 알아주는 한마디 : "실습"

<결론 : 동영상 자료 : 편지글(101가지 이야기 인용)>

## Ⅱ-7. 자기 개발 및 비젼제시

| 구분 | 내용 |
|---|---|
| 본문 | • 복 중에 가장 큰 복은? 행복<br>• 30초 안에 150번 박수쳐보기<br>• 행복한 사람은 친절할 수 있는 여유가 있습니다.<br>• 우리의 고객은 누구입니까?<br>• 나 이외의 모든 사람, 내 동료, 상사, 후배 내가 만나는 모든 사람이지요.<br>• 그 중에 가장 소중한 고객은? 지금 이 순간 내 옆에 앉아 있는 사람<br>• (악수 : ~ 제 옆에 앉아줘서 고맙습니다.)(대단하십니다~)<br>• 팔짱 한번 끼어 보세요. : 습관의 중요성<br>• 고정관념 프로그램 : 점 9개, 화살(37점 만들기)<br>• 인생의 성공 : 좋은(친구) , 좋은(책) , 좋은(교육)<br>• 철인3종 경기 : 수영, 싸이클, 마라톤<br>• 교육 참여 유형 : ( 휴가형 ) / ( 포로형 ) / ( 테러리스형 ) / ( 학습자형 )<br><br>**효과적인 이름 소개법 : 3P 공식**<br>① Pause : 여유, 띄어쓰기<br>② Part : 이름 석자 또박또박<br>③ Punch : 마지막 살짝 올리기<br>  • 상대방에게 이름을 제대로 기억시키는 법 : 삼행시(긍정적이고 비젼있게)<br>  • 이름기억으로부터 친밀감이 형성된다. 이름을 기억하는 것은 이름 자체보다는 그 이름을 쓰고 있는 사람을 기억하고 싶어 한다. 그렇지 않다면 이름을 기억하는 것은 우리 자신이 아닌 다른 사람을 중요하게 만들고자 하는 노력의 결과가 아니라, 우리의 기억력을 자랑하기 위한 하나의 도구가 되고 만다.<br><br>**자기개발 싸이클 :**<br>• 태도(need, want, can, will)→지식(책, 인터넷, 학원)→연습(6~21번의 성공경험)→기술(습관)<br>• 안전지대-도전지대 : 안전지대에서 도전지대로 나아가는데 어려운 부분 :<br>• 두려움 때문에(용기, 모험, 도전)<br>• 사람에게 가장 좋은 감? 자신감<br>• 쥐(비전 제시의 중요성) : 동기부여 프로그램<br>• 앞을 보지 못하는 것보다 더 불행한 것이 있냐는 질문에 헬렌켈러는 말했다.<br>• "그럼요, 앞은 볼 수 있지만 비전이 없는 것입니다."<br>• 행복이란 붙잡기 어려운 목표인가? 실천하는 즉시 보다 행복해 질수 있는 방법!<br>• 세상에서 가장 어려운 일은 ?(사람이 사람의 마음을 얻는 일) |

※ 참고자료 : 데일카네기 교육과정

# Part. III 상황별 고객응대, 커뮤니케이션 교육

## Ⅲ-1. 고객응대 편 - 고객응대 기준

※ 목적 : 고객의 심리를 이해하고 고객을 응대해 나갈 때 필요한 방법들과 기준들을 나누며 실천해 보는 시간을 갖는다.

| 구분 | 내용 |
|---|---|
| 서론 | • 다양한 유형으로 우리에게 다가오는 고객을 응대할 때 중요시 여기는 기준이 있다.<br>• 고객의 심리는 10인 10색, 1인 10색을 가졌기 때문이다.<br>• 이렇게 다양한 고객들을 만족시키는 것은 쉬운 일이 아니지만 앞으로 고객을 응대하면서 사소한 부주의로 일어날 수 있는 일들을 예방하기 위한 기본 응대 지침을 나누며 실천해 보는 시간을 갖자. |
| 본론 | 1. 차별 없는 응대 : 환자는 스스로 찾아온 우리 병원의 손님이다.<br>　• 상사를 대하듯 정중하게 응대한다.<br>　• 환자를 복장이나 외모, 말씨 등으로 판단하여 차별대우해서는 안된다.<br>　• 직원의 가족이나 아는 분이 왔을 때는 다른 환자에게 차별대우를 하고 있다는 인상을 주지 않도록 조심한다.<br>2. 일대일 응대 : 한꺼번에 다수의 환자를 응대해서는 안 된다. 한사람씩 응대한다.<br>　• 한꺼번에 다수의 환자가 왔을 경우에는 근처에 도와줄 수 있는 직원이 없을 경우 "잠깐만 기다려 주십시오. 곧 도와드리겠습니다." 하고 일이 끝난 뒤에는 "기다리게 해서 죄송합니다." 하고 인사하여 관심을 보인다.<br>3. 선착순 응대 : 순서가 틀리면 성급한 환자는 화를 내거나 불쾌하게 생각한다.<br>　• 순서를 알 수 없으면 독단으로 판단하지 말고 환자 스스로가 순서를 지키도록 유도한다.<br>　• "먼저 오신 분부터 도와드릴 수 있도록 부탁드립니다."<br>4. 상대방의 눈을 보는 응대 : 눈의 초점은 항상 상대방의 눈을 향하도록 한다.<br>　• 올려보거나 얕잡아 보는 시선, 비밀을 캐내려는 듯한 시선은 금물이다. |
| 결론 | • 서비스를 제공하는 측의 입장보다는 고객이 어떻게 느꼈는지가 기준이 된다.<br>• 직원의 악의 없는 행동에도 고객은 쉽게 상처를 받기 때문이다.<br>• 이렇게 짧은 순간에 이루어지는 응대들은 큰 이미지로 각인된다는 점을 기억하여,<br>• 고객 입장에서 생각하며 행동하는 우리의 작은 실천들로 이어지길 바란다. |

# Ⅲ-2. 고객응대 편 – 컴플레인 교육

※ 목적 : 조직 내에서 일어날 수 있는 불만고객들을 이해하고 더 나은 서비스제도로 개선될 수 있게 우리의 자세도 달라져야 한다.

| 구분 | 내 용 | 기 타 |
|---|---|---|
| 서론 | 1. 고객의 특성 :<br>2. 불만을 이야기 하지 않는 이유 :<br>3. 클레임과 컴플레인의 차이점 : | |
| 본론 | 1. 컴플레인 고객의 상담원칙 :<br>(1) 고객의 입장에서 생각하라.<br>(2) 병원의 규정을 먼저 설명하려 하지 말아라.<br>(3) 상담자 개인의 감정을 드러내지 마라.<br>(4) 고객의 가치관을 바꾸려 하지 마라.<br>(5) 고객의 말에 맞장구 치는 법 :<br>　가. 타이밍을 맞추자.<br>　나. 맞장구는 짧게 감정을 넣어서 – "그렇지요?", "충분히 이해가 갑니다." "많이 불편하셨지요?"<br>　다. 맞장구를 멈출 때를 알 것.<br>　라. 맞장구는 교묘하게 쳐라.<br>2. 불평고객 응대 요령 1 – MTP 기법<br>　가. Man<br>　　• 응대하는 사람을 바꿔준다.<br>　　• 새로운 사람으로 바꾸어 응대를 한다.<br>　나. Time<br>　　• 시간을 바꿔준다.<br>　　• 잠시 생각할 수 있는 시간을 주게 되면 감정적으로 화난 고객의 마음을 진정시킬 수 있다.<br>　다. Place<br>　　• 장소를 바꿔준다.<br>　　• 조용한 장소를 안내하여 따뜻한 음료를 대접함으로써 생각할 수 있는 시간을 갖게 해준다. | |
| 결론 | 공통적인 불만회복 5원칙<br>1) 사 과<br>2) 신속한 대응 | |

| 구분 | 내용 | 기타 |
|---|---|---|
| | 3) 감정이입<br>4) 상징적인 보상<br>5) 사후 검토조치 | |

## Ⅲ-3. 고객응대 편 - 유형별 고객응대

| 구분 | 내용 |
|---|---|
| 서론 | • 고객의 국적, 성별, 나이, 외모 등등 다양한 고객에게 똑같은 서비스를 제공해서는 안된다. 가장 먼저 생각해야 할 사항은 그 고객만의 관심사를 파악하는 것이다.<br>• 그러나 남녀노소별로 주의해야 할 부분이 있다. 먼저 남성 고객은 인정받고 싶어하는 욕구가 있다는데 주의해야 한다. 권력이나 명예에 대한 욕구가 여성보다 강하기 때문에 인정해주고 그 고객을 높여주는 쪽으로 대화를 유도하면 고객의 만족도는 배가 될 것이다.<br>• 여성고객은 자존심이 강한 대신에 군중심리가 있기 때문에 그에 맞는 대화를 구사해야 한다. |
| 본론 | • 의심형 : 예)"진료항목은 ○○입니다. 고객님이 진료비가 많다고 느끼는 건 ○○ 때문입니다."<br>• 빨리빨리형 : 예)"5분만 기다려 주시겠어요? 지금 먼저 예약하신 분이 조금 길어지는거 같습니다. 죄송합니다."<br>• 자기과시형 : 예)"제가 담당자인데 저한테 말씀해 주시겠어요?"<br>• 막무가내형 : 예)"고객님의 입장은 충분히 이해가 갑니다. 하지만 저희 입장에서는 처리가 곤란합니다."<br>• 전문가형 : 예)"먼저 고객의 말을 잘 경청하면서 상대의 능력에 대한 칭찬과 감탄의 말로 응수하여 상대를 인정하고 높여주면서 친밀감을 조성.<br>• 우유부단형 : 예)고객이 어떤 결정 내리기 앞서 갈등하고 있을 때 갈등요인이 무엇인지를 빨리 파악하여 시기 적절한 질문을 통해서 고객의 생각을 솔직히 드러낼 수 있도록 이끌어 낸다.<br>• 흥분한 고객 : 부드러운 분위기를 형성하여 정성스럽게 응대하되 음성에 웃음이 섞이지 않도록 주의한다. 고객 스스로 감정을 조절할 수 있도록 우회화법을 활용한다.<br>• 호의적인 고객 : 대화시 말을 절제하고 고객에게 말할 기회를 주어서 결론을 도출한다.<br>• 이런 유형은 대화시 맞장구를 잘 치는 사교적이므로 중심을 잃게 되면 상대의 의도에 말려들 위험이 있으므로 기분에 사로잡히지 않도록 한다.<br>• 깐깐한 고객 : 항상 친절하고 정중하게 응대하되 만약 고객이 잘못을 지적할 때에는 반론을 제기하지 않는다. 이런 고객일수록 자존심이 상당히 강하므로 "지적해 주셔서 감사합니다."라고 받아들이는 자세 |

| 구분 | 내 용 |
|---|---|
| 결론 | • 고객의 관심사는 나와 다르다. 나의 기준이 아닌 고객의 기준에서 고객들의 편안하고 즐거운 시간을 위해 끊임없이 노력해야 한다.<br>• 구두쇠 이야기 예화) 한 사람이 구두쇠가 되기 위하여 그 방도를 익혔으나 아직도 부족하다고 여겨져 구두쇠 선생님을 찾아가기로 했다. 그는 선생님을 찾아가서 고기 모양으로 자른 종이 한 장과 술처럼 보이는 물 한병을 가지고 상견례를 치르고자 하였다. 그러나 마침 선생님은 외출을 하고 부인만 집에 있었다. 그녀는 그가 온 목적을 알고 얼른 빈 잔을 내놓고 말했다. "차를 드시지요."<br>• 그러나 물론 차는 없었다. 그녀는 또한 두 손으로 원을 그리더니 말했다. "빵을 좀 드시지요."<br>• 그뿐이었다. 그가 물러간 후에 구두쇠 선생이 돌아왔다. 부인이 그 동안의 일을 이야기 하자 구두쇠 선생은 화를 내며 말했다. "쓸데없이 왜 그리 많이 대접했소?" 그리고는 손으로 반원을 그리며 말했다. "이 만한 반쪽이면 대접이 충분했을 텐데."<br>• 이 이야기의 구두쇠 선생은 있는 것은 말할 것도 없고 주어서 손해보지 않을 것도 아끼고 있다. 누구의 이야기인가? 인사할 때 허리를 조금 더 숙이면 보다 정중해 보인다. 그러나 그걸 아낀다.<br>• 말 한마디라도 조금 더 정중하게 하면 듣는 사람이 기분이 좋을 텐데 그걸 아낀다.<br>• 도움을 준 사람에게 "감사합니다" 하면 좋을텐데 그걸 아낀다.<br>• 실례를 했으면 "죄송합니다." 하면 참 좋을텐데 그걸 아낀다.<br>• 잘못한 것이 있으면 "잘못했습니다." 하면 참 좋을텐데 그걸 아낀다.<br>• 아내에게 한 번 더 "사랑합니다." 하면 참 좋을텐데 그걸 아낀다.<br>• 칭찬의 말도 아끼고 격려의 말은 더욱 아낀다. 주어서 손해 볼 것도 없는데 이 모든 것을 아주 아낀다. 누가 더 구두쇠인가? |

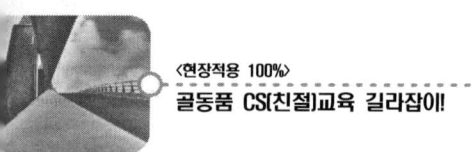

# Ⅲ-4. 고객응대 편-불만고객 응대 방법 및 감정관리 10계명

※ 목적 : 대면 서비스에서 이루어지는 불만고객응대는 다양하게 발생되고 있기에 감정 조절 훈련 및 방법들을 익혀 나간다.

| 구분 | 내 용 |
|---|---|
| 서론 | • 모든 고객에게는 '고객으로서 이렇게 대접받았으면..' 하는 공통된 심리가 있고 그 표현방법은 각양각색이다. 모든 고객들의 욕구를 만족시켜 드리기 위해서는 고객에 맞춘 임기응변식의 응대방법이 필요하다. 지금부터 다양한 고객의 유형에 따른 응대요령을 연구하여 고객을 만족시키기 위해 최대의 노력을 기울여 보자. |
| 본론 | • 아무리 바빠도 간단한 눈인사만은 잊지 말라.<br>• 고객을 위한 마음 씀씀이가 최고의 서비스이다.<br>• 우리 병원의 개인적인 문제에 관심을 표명하라.<br>• 병원의 서비스 수준은 일부의 무관심한 직원에 의해 결정됨을 명심하라.<br>• 우리 병원을 찾아주신 고객에게 감사하라.<br>• 고객과 절대로 다투지 말라.<br>• 고객의 부정적인 감정을 긍정적인 감정으로 바꾸어라.<br>• 자기의 안경으로 고객을 평가하지 말라.<br>• 절대로 논쟁을 피하라.<br>• 고객이 원한다면 무엇이든 응한다는 마음의 자세를 가져라.<br>※감정관리 10계명※<br>• '참자!' - 그렇게 생각하라.<br>• '원래 그런거' 라고 생각하라.<br>• '웃긴다' 고 생각하라.<br>• '좋다, 까짓것' 이라고 생각하라.<br>• '그럴만한 사정이 있겠지' 라고 생각하라.<br>• '내가 왜 너 때문에' 라고 생각하라.<br>• '시간이 약' 임을 확신하라.<br>• '새옹지마' 라고 생각하라.<br>• 즐거웠던 순간을 회상하라.<br>• 눈을 감고 심호흡 하라. |
| 결론 | • 고객의 유형은 특별한 것이라기 보다 평소 친구나 동료, 상사와의 관계에서 항상 체험하고 있는 것들이다. 타인으로부터 존중받고 싶어 하는 인간의 기본적인 욕구를 이해하고 상대방의 입장에 서서 배려한다면 어떠한 유형의 고객과도 좋은 관계를 만들어 나갈 수 있을 것이다.<br>• 역지사지를 반드시 생각하자. |

## Ⅲ-5. 고객응대 편 – 상담 시 행동지침 10계명

| 구분 | 내용 |
|---|---|
| 서론 | 1, 2, 3법칙은 들어 보았을 것이다.<br>• "1번 말하고 2번 이상 들어주고 3번 이상 맞장구 쳐라" 는 서비스 기본 대화법을 아마 모두 알고 있을 것이다. 이는 필요한 말만 하고 많이 들어주고 지속적으로 고객에게 호응해 주라는 이야기이다. 그럼 대화법에서 가장 중요한 것은 무엇일까?<br>• 서비스의 기본은 듣는 것 이다. 그냥 귀로 듣는 것이 아니라 마음으로 들어야 한다.<br>• 그리고 느껴라. 지금 현재의 고객의 상태가 무엇인지를…. |
| 본론 | 1. 관심 기울이기(SOLER)<br>　가. S : Squarely<br>　　• 내담자를 바로(Squarely) 바라본다.<br>　나. O : Open<br>　　• 개방적인(Open) 자세를 취한다.<br>　다. L : Lean<br>　　• 이따금 상대방 쪽으로 몸을 기울인다.(Lean)<br>　라. E : Eye contact<br>　　• 좋은 시선의 접촉(Eye contact) 을 유지한다.<br>　마. R : Relaxed<br>　　• 편안하고(Relaxed) 자연스러운 자세를 취한다.<br>2. 대화의 매너<br>　① 바른 자세를 갖는다　② 상대를 바라본다.　③ 긍정적인 생각을 갖는다.<br>　④ 끝까지 경청한다.　⑤ 상황에 맞게 대화한다.<br>　• [Two eyes, Two ears, Only one mouth : 눈이 둘, 귀도 둘, 입은 하나]<br>　• 자신은 적게 말하고 상대방을 많이 보고 상대방 얘기를 많이 듣는 게 중요하다.<br>　• 대화할 때 자신의 의사를 상대방에게 정확히 전달하는 것도 중요하지만 남의 말을 잘 듣는 것은 더욱 중요하다.<br>3. 올바른 듣기 자세 : 123화법(한번 말하고 두 번 이상 들어주고 세 번이상 맞장구)<br>4. 호감 가는 표현 :<br>　가. 경어법과 호칭 :<br>　나. 긍정적인 표현 :<br>　다. 부드러운 표현 : |
| 결론 | • "성급해서 입을 다물지 못하고 누군가가 이야기를 시작하기가 바쁘게 허리를 잘려버린 이야기, 마무리도 짓지 못한 채 끝내 버린 것 같은 이야기 때문에 빛 바랜 진주마냥 광택을 잃었습니다. |

| 구분 | 내 용 |
|---|---|
| | • 주님, 들을 줄 아는 귀를 주십시오. - W. 브레오 -<br>• 앞에서도 말했지만 서비스는 나 자신을 위해서 매우 중요한 일이다.<br>• 듣는 연습 또한 우리가 살아가는데 있어 중요한 부분을 차지한다.<br>• 스스로 말하는 비중과 듣는 비중을 비교해 보고 말하는 비중이 높으면 지속적으로 남의 이야기를 듣는 쪽에 많은 시간을 할애해라. 듣는 시간이 많으면 많을수록 인생의 화가 줄어들고 행복할 수 있는 기회가 많아진다.<br>• 들을 수 있는 귀가 트이면 이제는 말하기 이다. |

## Ⅲ-6. 고객응대 편 - 커뮤니케이션 방법

| 구분 | 내 용 | 기타 |
|---|---|---|
| 서론 | 1. 커뮤니케이션의 정의 : 라틴어 communis(공유), 또는 communicare(협의하다, 공통성을 이루다)에 어원을 커뮤니케이션(communication) 은 사회적 관계 속에 살아가는 사람들이 다른 사람에게 자신을 드러내고 전달하며 또 다른 사람의 메시지를 받아들이고 이해하는 행동양식.<br>• 일단 입을 열자. 시작이 반이다. 닫혀 있던 입이 열리기 시작하면 프로 서비스맨의 50%가 완성된 것이다. 서비스의 기본은 상호 Communication이다.<br>• 이 Communication이 얼마나 원활하게 이루어지는지가 서비스의 중요한 요소가 된다. 이제부터라도 입을 열자. 그렇다면 어떻게 입을 여는가하는 것이 중요하다 | |
| 본론 | 2. 커뮤니케이션 잘하는 기초상식<br>(1) 이야기를 꺼내는 방법 -<br>  • 날씨, 취미, 기호, 시사성있는 이야기, 일, 작업, 가족, 친구, 친척, 건강, 질병, 치료법<br>(2) 화재 선택 요령 : 가. 목적에 맞는 화제를 선택하라.<br>  • 나. 구체적인 내용이어야 한다.<br>  • 다. 상담과 밀접한 관계가 있는 이야기를 화제로<br>  • 라. 시사성 있는 문제를 던져라.<br>  • 마. 경험에 관한 이야기를 해라.<br>  • 바. 스릴 있는 화제를 선택하라.<br>  • 사. 실현 가능한 화제를 선택하라.<br>  • 아. 욕망에 호소하는 화제를 선택하라. | |

| 구분 | 내 용 | 기타 |
|---|---|---|
|  | **3. 대화의 원리**<br>• 첫째, 중요한 부분은 억양을 강하게 하라.<br>• 둘째, 의미상으로 한 어구의 말은 붙여서 말하고 의미상 또는 호흡에 맞추어 한 어구를 단위로 띄어서 말한다.<br>• 셋째, 단순히 목소리만을 내지 말고 말하려는 내용을 상상하면서 감정이 깃든 목소리로 성의를 가지고 말하라.<br>• 넷째, 거리에 따라 음성의 크기를 조절하라.<br><br>**4. 고운 말씨의 POINT**<br>가. 명랑하고 밝게 말한다.<br>나. 간단하고 명료하게 말한다.<br>다. 부정형은 긍정형으로 바꿔서 말한다.<br>라. 명령형은 의뢰형으로 바꿔서 말한다.<br>마. 쉬운 표현으로 말한다.<br>바. 공손하게 말한다.<br>사. 부드럽고 친근한 표현으로 말한다.<br>※ 같은 말을 표현하더라도 따뜻하게 쿠션용어를 사용함으로써 상대방에게 부드럽고 따뜻한 말을 전해줄 수 있다.<br><br>**5. 쿠션 언어 사용방법**<br>1) 죄송합니다만, 번거로우시겠지만, 괜찮으시다면, 불편하시겠지만, 실례합니다만 |  |
| 결론 | • 서비스에서 가장 소중하고 중요하면서도 많이 쓰이는 말은 무엇일까?<br>• "안녕하십니까?" 일까? "감사합니다." 아니면 "무엇을 도와드릴까요? 일까?" 모두 아니다. 서비스에서 가장 중요한 말은 바로 "네" 이다. 한번 입으로 "네" 라고 해보라.<br>• "네"를 짧게도, 길게도 해보고, 강약을 조절해서 한번씩, 기쁜 감정이나 슬픈 감정을 넣어서, 또 상대방을 배려해 주는 마음을 가지고 다양하게 "네"를 표현해 보라. 이 한마디만 적절히 사용해도 서비스의 많은 부분을 커버할 수 있다.<br>• "네" 는 고객에 대한 관심의 표현이고 Communication의 시발점이다. |  |

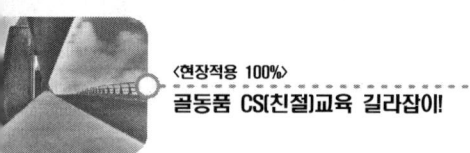

<현장적용 100%>
골동품 CS(친절)교육 길라잡이!

## Ⅲ-7. 스피치 및 발성훈련 : 커뮤니케이션 능력 향상

※ 명확한 의사전달 : 논리적인 순서대로 정보를 전달하는 법을 배운다.
※ 사람들과 인간관계를 맺다보면 분명하고 명확하게 의사를 전달해야 될 상황을 자주 접하게 된다.
※ 중요한 정보를 정확하게 전달하는 능력은 주위 사람들과 원만한 관계를 유지하는데 큰 영향을 미친다.

> POINT
>
> **대화의 기본 사항**
> - 1.훌륭한 경청자가 되라.
>   ① 멈춰라(stop)   ② 쳐다봐라(look)   ③ 들어라(listen)

### 1 목소리 화장하기 :

- 소리의 밝음, 상쾌함, 윤택함, 풍만함이 있도록 서비스 맨의 가장 바람직한 목소리 톤은 '솔'톤
- 단조롭지 않은 소리(억양변화)
- 인간미(꾸며낸 밝음이아닌 인간미 넘치는 따뜻함과 정결함)
- 소리가 미소가 담기도록(보이지 않는 곳에도 전달되는 미소.)
  나에게 어울리는 '파' 정도

### 2 호감가는 음성

- 좋은 목소리를 가진 사람들 중 70~80%정도는 선천적으로 타고난 음성이지만, 나머지 좋은 목소리를 가진 사람들의 20~30%는 후천적으로 노력해서 얻은 음성이라고 한다. 가라앉은 게으른 음성을 본인의 음성 색깔이라고 잘못 알고 있는 사람들이 많다.
- 그러나 개발하면 충분히 더 좋은 다듬어진 음성을 찾을 수 있다.
- 미소와 동반된 밝은 음성은 어떨 땐 지친 몸에 생기를 불어넣는 피로회복제와 같은 역할.

1) 정확한 발음
  - 정확한 입모양 : 아버지, 에너지, 이상한, 오두막, 우리나라, 바람아, 여기에, 사랑하는이, 한우

## 2) 커뮤니케이션 능력 향상 : 예기치 못한 상황에 효과적으로 대처하는 법

- 서론 : 기대하지 않았던 상황에 부딪힐 때, 의외로 훨씬 더 좋은 기회를 잡을 수 있다. 자신의 의견을 피력하다보면 종종 약간의 위험을 감수해야 될 때도 생기지만, 아예 침묵을 지키고 있으면 아무도 우리의 의견이나 아이디어를 통해 도움을 받을 수 없다. 예상치 못했던 기회 중에는 대처하기 어려운 곤란한 상황도 포함되는데 이러한 때에 어떻게 대처할 것인지는 우리 자신이 선택할 사항이다.
  - 우리의 선택여부가 우리의 성과나 건강, 행복에까지 영향을 끼친다.
  - 의견전달 및 회의 진행법에서는 우리의 생각을 정리하고 전달하는 절차를 살펴 아울러 문제해결 회의를 이끌고 참여하는 법을 익힌다.
    * 예기치 못한 상황에서 자신의 생각을 정리하는 법을 살펴본다.
    * 문제해결 회의를 이끌고 참여하는 법을 익힌다.
    * 동의하지 않을때도 자신의 의견을 효과적으로 전달하는 법을 살펴본다.
- 본론 : 구체적인 사례를 들어서 이야기하기
  (실연, 예, 사실, 전시자료, 비유, 인용, 통계자료)

  [질문] 예기치 못한 상황에서 대답을 잘 할수 있을까?
  - 예 고교생의 이성교제에 대해 어떻게 생각? 염려가 된다/왜?/무슨 주변에 사례
  - 예 고객감동전략의 사례?  예 리더의 핵심자질?  예 가사노동분담?
  - 예 교육적 체벌에 대해?  예 성형수술?  예 조기유학?

### POINT

**마법의 깔대기 모습 : 생각 + 말하기**
- 생각 : 어떻게 생각하는가? 왜 그렇게 생각하는가? 사례(증거, 뒷받침)
- 말하기 : 사례 한 가지. 이 사례가 나타내는 것.. 따라서 나는 이렇게 생각한다.
- 질문 1인 : 의견 발표
       2인 : 쿠션 사용 후 반대의견 발표
       3인 : 요약정리(1+2 사회자)
- 쿠션 : 잘 알겠습니다. 잘 이해합니다. 당신의 견해에대해 감사드립니다. 제가 듣기로는 ~인것같습니다
- 피할 것 : 그러나, 그럼에도 불구하고, 그렇다 치더라도, 그건 그렇고
- 사용할 것 : 그리고, 잠깐 멈춤, 네~
       목소리, 표정, 제스추어 사용

※ 참고자료 : 데일카네기 발췌

<현장적용 100%>
**골동품 CS(친절)교육 길라잡이!**

## 단계별 발성 연습

1. 아첨이 있는 곳에 교만이 싹트고, (40)
   교만이 있는 곳에 죄악이 싹트고, (70)
   진실이 있는 곳에 행복이 싹틉니다. (100)

2. 게으름은 가난의 원천이요, (40)
   게으름은 재앙의 근본이며, (70)
   게으름은 불행의 무덤인 것입니다. (100)

3. 웃음도 눈물도 한 번 스쳐 가면 그 뿐이요, (40)
   사랑도 미움도 한 번 스쳐 가면 그 뿐인데, (70)
   그대는 도대체 그 무엇을 찾아 헤매는가? (100)

4. 가난의 원천은 무엇입니까? 바로 태만입니다. (20)
   재앙의 근본은 무엇입니까? 바로 태만입니다. (40)
   불행의 무덤은 무엇입니까? 바로 태만입니다. (60)
   악마의 유혹은 무엇입니까? 바로 태만입니다. (80)
   지혜의 감옥은 무엇입니까? 바로 태만입니다. (100)

5. 그대가 두려워하는 것은 무엇입니까? (20)
   고난입니까? 죽음입니까? (40)
   아니면 고난과 죽음에 대한 공포심입니까? (60)
   공포심이야 말로 잔인성을 유발하는 원천이며 (80)
   모든 덕의 방해물인 동시에 미신의 씨앗인 것입니다. (100)

6. 사뿐히 들려오는 아가의 발자국 소리 (10)
   살짝히 들려오는 그대의 한숨소리 (20)
   은은히 들려오는 교회의 종소리 (30)
   조용히 들려오는 당신의 목소리 (40)
   고요히 들려오는 가수의 노랫소리 (50)
   잔잔히 들려오는 기선의 뱃고동소리 (60)
   낭랑히 들려오는 제자의 책 읽는 소리 (70)
   소음처럼 들려오는 이웃의 싸우는 소리 (80)
   폭음처럼 들려오는 술꾼의 억지소리 (90)
   천둥처럼 들려오는 장군의 호령소리 (100)

# Ⅲ-8. 고객응대 편 - 서비스 언어공식

| 구분 | 내 용 |
|---|---|
| 서론 | • 말은 천냥 빚을 갚을 수도 있고 화를 불러 일으킬 수도 있다.<br>• '침묵은 금이다' 라고 이야기하는 것은 말을 아무리 잘해도 침묵보다도 못하고 항상 본전이기 때문이다. 고객에게 서비스할 때 이야기를 하지 않으면 반쪽 서비스가 된다고 누누이 강조했다.<br>• 그러면 일단 침묵은 깨어진 것이다. 본전이라도 찾기 위해서는 우리는 정말 조심스러운 표현들을 사용해야 한다.<br>1. **커뮤니케이션의 유형**<br>  (1) 언어적 커뮤니케이션(Verbal Communication)<br>     :<br>  (2) 비언어적 커뮤니케이션(Nonverbal Communication)<br>     :<br>• 서비스를 곱의 개념으로 이해한다면 아무리 좋은 서비스를 제공해도 한 순간의 말 한마디가 모든 수고를 제로로 만들게 된다. |
| 본론 | 서비스 언어 공식 : (호칭) +(쿠션언어) +(대안제시)<br><br>1. **의료 서비스 대화 시 고쳐야 할 언어습관(실습)**<br>  (1) 안돼요.<br>    ☞<br>  (2) 없어요.<br>    ☞<br>  (3) 몰라요.<br>    ☞<br>  (4) 기다리세요.<br>    ☞<br>  (5) 저는 몰라요.<br>    ☞<br>  (6) ○시까지 오세요.<br>    ☞<br>  (7) 왜 인제 오세요?<br>    ☞<br>  (8) 아까 설명 했잖아요. |

**〈현장적용 100%〉**
**골동품 CS(친절)교육 길라잡이!**

| 구분 | 내 용 |
|---|---|
|  | 2. 고객 문의 시 : 예+고객(호칭)+내용<br>※ 예, ○○님 진료실은 바로 왼쪽에 있습니다.<br>3. 사과/양해/부탁 시<br>• 고객(호칭) + 죄송합니다만(사과) + 내용<br>※ 고객님, 죄송합니다만, 지금 진료시간이 6시까지여서 진료가 끝났습니다.<br>4. 전송 시<br>• 고객(호칭) + 전송인사 + @인사<br>※ (고객님, 계단 조심히 내려가시고, 즐거운 하루 보내세요. |
| 결론 | • 일반적인 유형을 벗어나 개인별 유형과 좋아하는 주제를 파악하여 서비스시 대화내용으로 활용한다면 금상첨화이다. 고객의 관심사는 나와 다르다. 마지막으로 정중한 태도를 보여라.<br>• 아무리 세련되고 품위 있는 대화법을 구사해도 로봇처럼 무표정하게 반복되는 이야기들은 아무 쓸모가 없다. 세련된 대화법은 말하는 사람의 태도와 하나가 될 때 비로소 그 힘을 발휘할 수 있다는 사실을 잊지 말아야 한다. |

## 실습) 공감적 경청에 관한 역할연기[1 : 1]

※ 공감적 경청 진단 설문지 후 통계내기

1. "나는 윗사람의 눈에 완전히 벗어나 버렸습니다. 어떤 일인지 자꾸 실수만 연발하고 그러다가 두 번씩이나 심한 꾸중을 들었습니다. 나는 어떻게 하면 좋을지 모르겠습니다."
   ① 왜 실수를 저질렀지?(    )
   ② 상사에게 한 번 터놓고 얘기해보지 그래?(    )
   ③ 윗사람에게 야단을 맞고 나면 몹시 기분이 나쁘지(    )
   ④ 윗사람이 그렇게 야단을 칠 때는 상당한 이유가 있었겠지. 당신이 뭔가 잘못했나 보군.(    )

2. "(    )(    )님, 지난번 지시하신 것, 이번에 이렇게 잘 끝냈습니다. 한번 봐 주십시오.
   ① (무표정한 얼굴로) 알았어. 놓고 가.(    )
   ② 어떻게 그렇게 잘 했나?(    )
   ③ 앞으로 더 잘해.(    )
   ④ 일이 잘 끝나 기분이 좋겠군.(    )

3. 나는 최선을 다하고 있습니다만 일의 갈피를 잡지 못하겠습니다. 우리 상사는 내가 어떻게 해주기를 바라는지 한 번도 이야기 해 주신 적이 없습니다. 나는 윗사람이 나를 어떻게 생각하는지를 알고 싶습니다.
   ① 당신 상사가 당신에 대해서 어떻게 생각하는지 정말 한번도 이야기한적이 없는가?(　)
   ② 내가 당신이라면 당신 부서의 상사와 한 번 이야기를 해보겠는데.(　)
   ③ 그렇다면 그건 상사의 성격이겠지, 당신뿐만 아니라 다른 사람에게도 마찬가지일 것이 아니야? 별 신경 쓸 것이 없을것 같은데.(　)
   ④ 당신은 상사가 당신을 어떻게 생각하는지 알고 싶은데 먼저 언급이없다면 놉시 답답했겠군.(　)

4. "나는 목표가 분명합니다. 물론 내가 열심히 노력해야 하겠지만 몇 사람만 더 제치면 제가 틀림없이 승진할 수 있을 것입니다. 나는 어떤 일이 있더라도 꼭 승진하고야 말 것입니다.
   ① 아무리 승진이 중요하다 하더라도 다른 사람을 제치고 올라갈 생각을 해서야 쓰나?
   ② 승진한다는 것은 당신에게 아주 중요한 모양이구먼.(　)
   ③ 당신이 승진을 하면 뭐가 달라지는데?(　)
   ④ 그렇다면 혼자 애를 쓸 것이 아니라 윗사람들과 이야기를 해보지 그래.(　)

5. 나는 일이 너무 바쁩니다. 오늘도 새벽에 출근해서 지금까지 아침도 못 먹고 이러고 있습니다. 모두가 나한테 와서는 급하다, 바쁘다 라고만 합니다. 나는 회사도 좋고 일도 재미있습니다만 이러다간 미쳐 버릴 것 같습니다.
   ① 모두 와서 바쁘다고 하면 당신은 정말 힘이 들겠군.(　)
   ② 그 사람들이 도대체 어떤 일들을 가지고 와서 그렇게 바쁘다고들 하지?(　)
   ③ 당신은 일이 너무 많은 것 같군. 그렇다면 상사와 의논을 해보지 그래.(　)
   ④ 일이 밀린다면 아마 당신이 체계적으로 일을 처리하자 못하기 때문일거야.(　)

6. 그 친구는 제 입사 동기입니다. 학교도 같이 나 왔구요, 승진하기 전까지는 괜찮은 녀석이었습니다. 그런데 이 녀석이 승진하고 난 뒤에는 꼭 부하들 앞에서 나를 야단치는 게 아닙니까? 일대일 이라면 그래도 덜 하겠는데….
   ① 날 동료가 승진했다고 더구나 부하들 앞에서 야단을 친다면 그건 정말 견디기 힘들겠는데.(　)
   ② 뭘 그런걸 가지고 그래?(　)
   ③ 그 친구와 가까운 친구들에게 이야기해서 그 친구에게 주의를 좀 주도록 하지그래.(　)
   ④ 도대체 그런일이 몇 번이나 있었지?(　)

# Part. IV 에티켓과 매너편 중점교육

# Ⅳ-1. 에티켓과 매너 편 - 비즈니스 매너

※ 목적 : 인간관계에서 이루어지는 표현방법들 중 올바른 행동으로 서로 간 매너 있는 서비스 맨이 되도록 지도해 나간다.

| 구분 | 내 용 |
| --- | --- |
| 서론 | <ul><li>간단한 몸 풀기로 분위기 전환) 여름 옷 정리해 넣은게 엊그제 같은데 어느새 겨울이 찾아 와 버렸네요. 오늘 많이 추우시죠? 날씨가 많이 추워서 그런지 여러분의 표정들이 다소 긴장되어 보이네요. 다 함께 저를 따라서 손을 쭈욱 올려 볼까요?</li><li>기지개를 켜니까 몸이 한결 자연스럽죠?</li><li>에티켓과 매너는 기본적으로 상대방을 존중하는데 근거를 두고 있다.</li><li>상대방에게 불쾌감을 주지 말아야 하고 자신이 싫다고 생각하는 일은 상대방에게 하지 않는 것이 기본이다. 에티켓은 반드시 지켜야만 되는 규범으로서, 지키지 않으면 안 되는 불문율을 의미한다. 매너는 얼마나 세련되고, 품위 있는 방식으로 행동하는가를 중시한다. 예를 들어 윗사람을 만나 인사를 해야 하는 것이 에티켓이라면 얼마나 올바른 방법으로 정중하게 인사를 하느냐의 문제는 매너라 할 수 있다.</li></ul> |
| 본론 | <ul><li>에티켓이란 말은 프랑스어로서 우리의 예의범절과 유사한 말이다.</li></ul>**1. 어원**<ul><li>베르사유 궁전에 들어가는 사람에게 주어지는 티켓(Ticket)에 기원<br>※ 그 티켓엔 궁전 내에서 유의할 사항이나 예의범절이 수록</li><li>프랑스어의 동사 Estiquier(붙이다)를 어원으로 한다는 설<br>※ 궁전 화단에 "꽃밭을 해치지 마십시요!" 라는 입간판을 붙임)이 있다.</li></ul>**2. 매너(Manner)**<ul><li>Manuarius라는 말은 Manus와 Arius라는 말의 복합어.</li><li>Maner란 영어의 Hand란 뜻으로 이 말은 사람의 손이라는 뜻 외에 사람의 행동, 습관 등의 뜻을 내포하고 있으며, Arius는 영어로 More at Manual More by the Manual이란 뜻으로 방식, 방법의 의미를 뜻한다. 매너라는 말은 Manuarius라는 라틴어에서 생겨났다.</li><li>따라서, 매너(Manner)란 사람마다 갖고 있는 독특한 습관, 몸가짐으로 해석되며, 에티켓(Etiquette)과 달리 사람을 얘기할 때 매너가 좋다 나쁘다라는 말을 할 수가 있다.</li><li>악수매너〉 악수의 유래는 원시시대에는 낯선 사람을 만나면 우선 적이라고 판단하여 몸에 지니고 있는 무기를 점검하게 된다. 그러나 서로 싸울 뜻이 없음을 알게되면 무기를 내려놓고 오른손을 내밀어 무기가 없으며, 적의를 갖고 있지 않음을 표시하는 행위에서부터 악수가 유래되었다. 따라서 무기를 사용하지 않은 여성에게는 악수하는 습관이 없었다. 일반적으로 악수를 할 때는 미소 띤 얼굴에 허리를 곧게 펴고 마음에서 우러나는 태도를 취하는 것이 중요하다. 악수를 할 때 윗사람이나 존경하는 분께 약간 고개를 숙이며 예를 표하는 것은</li></ul> |

| 구분 | 내 용 |
|---|---|
|  | 한국적 악수법이다. 허리를 굽혀 인사를 하려면 악수를 하고 손을 놓은 후 허리를 굽혀 인사하고 물러서는 것도 좋은 방법이다.<br>• 명함매너〉명함 주고받는 순서 – 실습 |
| 결론 | • 에티켓 : 사회생활에서 지켜야 하는 행동 규범<br>• 매  너 : 에티켓을 지키는 방식<br>• 프로토콜 : 국가간의 예의 범절 |

# Part. V

## 호감가는 이미지 메이킹 연출법 중점

## V-1. 이미지 메이킹 - 자기 점검

※ 목적 : 21C 키워드, 경쟁력이 되고 있는 이미지 메이킹의 중요성을 강조하면서 셀프 이미지 체크를 하면서 점검의 시간을 갖는다.

| 구분 | 내 용 | 기 타 |
|---|---|---|
| 서론 | • 이미지란 타인의 거울에 비친 모습이요, 자신이 타인에게 공개하도록 허락한 내 부분들의 총체입니다. 바꾸어 말하면 자신의 직업이나 신분, 맡은 역할에 가장 어울리고, 만나는 모든 사람에게 호감과 만족을 주며 자신의 독특한 진가를 나타내는 일을 말한다. 이미지 메이킹은 왜 필요한 것일까? 바로 나다운 나를 찾기 위해서이다.<br>• 지구상에는 60억이 넘는 사람들이 살고 있지만 그 중에 생김새나 성품이 똑같은 사람은 한 사람도 없다. 나라는 개체는 이 지구상에 단 하나밖에 없는 아주 독특한 존재이다. 때문에 가장 나다운 모습이 무엇인가를 알고, 자신의 모습을 객관적으로 바라보고 키워나가기 위해서 이미지 메이킹이 필요하다. | |
| 본론 | • 우리는 생활 속에서 헤아릴 수 없을 만큼 많은 사람들을 만나고 있다.<br>• 그러나 그들 하나하나를 떠올릴 때는 무언가 다른 모습으로 기억하고 있다.<br>• 어떤 이는 무뚝뚝한 모습으로, 어떤 사람은 다정스런 모습으로, 어떤 사람은 차분한 목소리의 주인공으로, 이처럼 사람마다 기억되는 특징적 모습을 우리는 개개인의 이미지라고 부른다.<br>• 이미지는 상대방과의 만남이 이루어지는 순간에 대부분이 형성되고 그 사람과의 대화나 관계형성에 직접적으로 영향을 미친다. 처음 만나는 사람이 '새신랑 새 신부처럼 신선한 느낌'을 준다면 첫눈에 호의를 갖게 되고 칭찬이 절로 나지 않겠는가?<br>• 하루에도 수없이 많은 고객을 만나게 될 여러분의 경우는 고객과의 첫 만남에서 어떤 이미지를 전달할 수 있을까? 얼굴을 중심의 전체적인 모습을 일컫는 시각적 이미지를 55%, 청각적 이미지 38%, 기타 이미지 7% 로 완성된 이미지를 만들어 낸다.<br>(이미지 체크) 나의 장점과 나의 단점 나누고 긍정적인 Stroke주고 받기<br>(질문) 자신이 생각하는 나의 이미지는?<br>(질문) 타인이 생각하는 나의 이미지는?<br>• 흔히들 요즘을 개성시대라고 표현한다.<br>• 개성시대란 자신을 알리는 시대를 일컫는 말이다. 각자의 숨은 개성을 스스로 알리지 못한다면 치열하고 복잡한 경쟁사회에서 낙오될 수밖에 없다. 여기에 자기의 신분과 역할에 맞도록 가꾸고 노력하는 사람들을 위해 바로 이미지 메이킹이 존재한다. | |
| 결론 | • 요즘 고객만족 또는 고객감동이란 말을 많이 쓰고 있는데, 나 이외의 모든 사람들이 나의 고객이란 개념에서 볼 때 호감 받는 이미지 연출이야말로 진정한 고객만족의 시작이라고 할 수 있을 것이다. "인상이 바뀌면? 인생이 바뀐다" | |

# Ⅴ-2. 이미지 메이킹 - 이미지 메이킹 중요성

| 구분 | 내 용 |
|---|---|
| 서론 | **1. 이미지 메이킹의 개념**<br>• 소개팅을 나갔을 때 처음 상대방과 마주 앉아 무슨 생각을 하는가?<br>  만약 내가 좋아하는 이상형의 상대가 나와 있다면 그 상대를 보면서 행동이나 태도가 모두 긍정적으로 보일 것이다. 그러나 내가 원하지 않는 상대가 나와 있다면, 차만 마시고 그 자리를 떠나고 싶은 마음일 것이다. 이것처럼 이미지는 긴 시간에 결정되어 지는 것이 아닌 보는 순간 3~8초안에 결정이 되어 진다. 내가 아무리 좋은 이미지를 가지고 있다 하더라도 상대가 생각할 때 그렇지 않다면 내 생각과 다르게 평가하게 될 것이다. 이미지란 내가 평가를 하는 것이 아닌 상대방이 평가를 하는 것이다. |
| 본론 | **2. 이미지 메이킹의 중요성 :**<br>• 앨버트 메러비언은 인간관계에서 이미지가 결정되는 요소로서 시각적 효과 55%, 청각적 효과 38%, 나머지 언어적 요소가 7%라는 분석을 했다. 처음 대면하는 순간 상대방, 즉 고객이 첫 이미지를 결정하는 기회는 단 한번 뿐이다. 아무리 괜찮은 사람이라고 하더라도 한번 부정적인 이미지로 각인되면 긍정적인 이미지를 만들기 위해서 그만큼 시간을 투자해야 한다. 처음 병원에 방문했을 때, 가장 먼저 보이는 것은 무엇인가? 병원의 환경? 분위기? 그 전에 먼저 보이는 것은 직원의 이미지일 것이다. 내가 깨끗하고 분위기 좋고 시설이 좋은 음식점에 갔다고 생각해 보자.<br>• 그런데 주문을 받으러 온 직원의 복장이나 표정이 별로 맘에 들지 않는다면 무슨 생각을 할까?<br>• 음식점의 음식이 아무리 맛있고, 분위기가 좋다고 하더라도 그 음식점을 다시 가고 싶은 생각이 들지 않을 것이다. 나의 이미지는 병원의 이미지를 결정짓는다는 것을 알고 있어야 한다.<br>• 내 얼굴이 병원의 대표임을 항상 기억하고 적극적인 이미지 관리를 위해서 노력해야 한다.<br>**3. 첫 인상이 왜 중요할까?**<br>• 누구나 밝고 건강한 이미지를 가진 사람과 가까이 있고 싶어한다.<br>• 당신의 이미지는 어떠한가?<br>• 긍정적인 이미지로 남고 싶은가? 아니면 부정적인 이미지로 남고 싶은가? 첫 이미지로 그 사람의 나이, 직업, 성격, 신뢰감, 성실성 등을 어느 정도 평가할 수 있다고 고뎬 앨버트는 대인지각에서 말했다. 처음 상대를 보고 모든 것을 판단할 수 없지만 "다음에 다시 만나고 싶다, 이 사람과 대화를 하면 뭔가 통할 거 같다." 란 판단을 할 수 있다. 상대의 마음을 쉽게 열 수 있는 것은?(질문)<br>• 호감을 주는 표정을 짓는 거란 생각을 한다. "웃는 얼굴에 침 못 뱉는다." 란 속담처럼 |

| 구분 | 내 용 |
|---|---|
|  | 밝은 표정은 상대에게 좋은 인상을 심어줄 수 있으며 상대에게 호의를 줄 수 있다.<br>• 밝은 표정이 줄 수 있는 효과는 인간관계를 유지시켜 줄 수 있으며 상대의 마음을 움직일 수도 있다. 표정을 아름답게 만들기 위해서는 꾸준히 노력해야 한다. 미스코리아 대회에서 미스코리아들이 가끔 웃으면서 근육이 흔들리는 것을 본적이 있을 것이다. 아무리 내가 웃고 싶어도 연습이 없으면 상대가 볼 때 어색한 웃음을 짓게 될 것이다. |
| 결론 | • 어떤 사람이든 자신의 이미지를 쇄신하려면 자기 자신을 먼저 사랑할 줄 알아야 한다.<br>• 당신이 진정한 의미의 자기사랑을 원한다면 가까운 사람에게도 예의를 갖추는 것이 필요하다.<br>• 하루 24시간, 1년 365일 당신의 모든 말과 행동이 고유의 이미지를 만들고 그 결과 당신의 삶 전체를 형성한다. 당신은 타인에게 어떤 인상을 주고 싶은가? |

## V-3. 이미지 메이킹 - 효과적인 첫인상 연출법

| 구분 | 내 용 | 기 타 |
|---|---|---|
| 서론 | • 얼굴에 난 뾰루지를 거울에 비추어 보면서 짜증을 내려니까, 아줌마가 나를 빤히 쳐다보더니 귀가 번쩍 뜨이는 말을 한다.<br>"아가씨는 아직도 자기 눈, 코, 입이 어떻게 생겼는지가 신경 쓰이세요? 그 나이라면 얼굴이 얼마나 평온해져 가고 있는지에 더 관심을 가져야 할 때가 아닌가요?"<br>• 지극히 평범한 사람에게서 듣는 인생의 심오한 진리! 너무나 유쾌한 말이다.<br>• 이미지는 바로 이것이다. 이미지는 느낌이다. 여러분이 고객에게 얼마나 진실 되게 보여 지는가가 가장 중요하다.<br>• 개인의 이미지를 향상시키고자 하는 사람의 출발점은 먼저 나 자신을 바르게 아는 일이다. 그래야 자기가 바라는 이미지와 비교하여 어느 부문을, 어떻게 향상시킬까 하는 방법이 나온다. |  |
| 본론 | **효과적인 첫인상 만드는 법**<br>가. 상대를 웃겨라<br>나. 편안한 분위기를 만들어라.<br>다. 강렬한 인상을 심어주라(실습)<br>라. 지나치게 자신을 드러내려고 하지 마라.<br>마. 좋은 컨디션일 때 만나라.<br>바. 기본 예의를 갖춰라. |  |

| 구분 | 내 용 | 기 타 |
|---|---|---|
| | 사. 첫 만남에서 상대의 단점을 말하지 말라.<br>아. 공통점을 빨리 찾아내라.<br>자. 상대를 좋아하려고 노력해라.<br>차. 상대에 맞춰서 시간을 사용하라.<br><br>**미국과 프랑스의 미소교육**<br>- **(프랑스 사례)** 프랑스의 어머니들은 그들의 자녀를 교육시킬 때 너희들의 표정은 너희들의 것이 아니라 남을 행복하게 하기 위한 것이라고 하면서 아주 어릴 적부터 표정 교육을 한다고 한다.<br>  그때 거울을 선물로 준다.<br>- **(미국 사례)** 미국의 아이다호 주의 포카텔로라는 마을은 타인이 미소를 보내 왔을 때 미소를 되돌려 주지 않으면 벌을 과한다는 조례가 있다. 미국의 스마일 수도. 다양한 신체 움직임이 사회적으로 긍정적인 인상을 심는 역할을 수행하기도 한다.<br>- 많은 연구에서 미소가 매력과 따뜻함을 느끼게 하는 중요한 단서라는 사실이 확인되었다.<br>- 미소와 함께 발생하는 또 다른 단서는 머리 끄덕임이다. 한 연구에서 미소, 머리 끄덕임, 눈썹 치켜 올리기가 사회적 매력의 인식 작용에 미치는 영향을 분석했는데, 이 중 가장 큰 영향을 미친 단서는 미소였으며, 그 다음이 머리 끄덕임, 눈썹 치켜 올리기였다. 이 세 단서를 배합하여 분석해 보았을 때 미소와 머리 끄덕임이 다른 어떤 배합보다도 가장 큰 영향을 미치는 단서인 것으로 나타났다. 사회적으로 긍정적 인식을 심는 또 다른 신체적 움직임으로는 눈 맞춤과 눈길을 들 수 있다. 면담 과정을 분석한 연구에서 눈길을 더 많이 받는 피면담자가 그렇지 못한 피면담자보다 면담자를 더 긍정적으로 인식한 것으로 나타났다. | |
| 결론 | **기본 원리는 간단하다.**<br>- 장점은 살리고 단점은 감춘다!<br>- 병원 직원은 병원 직원답게! 미용실 직원은 미용실 직원답게! 호텔직원은 호텔에 맞는 이미지를 연출해야 한다. 이미지 연출은 자기가 근무하고 있는 곳의 분위기에 맞는 이미지가 가장 중요하다. 밝은 이미지의 영업장에서는 밝은 화장과 유니폼이 어울리고 모던한 분위기는 마찬가지로 직원들의 이미지도 모던하게 흘러야 한다. '뱁새가 황새를 따라가다가 가랑이 찢어진다' 라는 말이 있다. 이미지가 아무리 좋다고 해서 자신이 근무하는 곳과 다른 이미지를 너무 따라가다보면 우리의 색을 잃어버리게 된다. | |

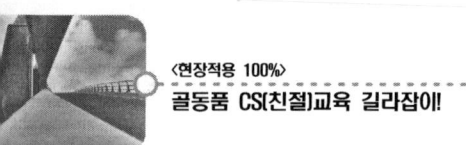

## V-4. 이미지 메이킹 - 표정과 음성 편

※ 목적 : 서비스의 기본이 되고 있는 호감 가는 표정/음성 연출 중요성을 강조한다.

| 구분 | 내 용 | 기 타 |
|---|---|---|
| 서론 | 신이 인간에게 내려준 가장 아름다운 언어 " 미소 "<br>• 미소와 동반된 밝은 음성은 어떨 땐 지친 몸에 생기를 불어넣는 피로회복제와 같은 역할을 한다.<br>• 당신의 미소는 아름답습니까?<br>• 당신의 음성에 자신이 있습니까?<br>(안면근육운동과 음성연습을 강사 스스로가 충분히 연습하여 교육생에게 전달) | |
| 본론 | 1. 호감 가는 표정<br>  • 타인을 배려하는 표정<br>  • 마이너스 사고를 플러스 사고로<br>  • 성공적인 사회생활의 수단<br><br>2. 호감 가는 음성<br>  • 밝고 친근한 음성<br>  • 신뢰감이 느껴지는 음성<br>  • T. P. O에 맞는 음성<br><br>3. Smile Power<br>  • 상대방에게 안정감<br>  • 인간관계가 좋아진다.<br>  • 호감 가는 첫인상<br>  • 스트레스가 적어진다.<br>마음을 편안하게 해 줄수 있는 미소를 지을 때도 방법이 있다.<br>단계별로 실행해보며 자신의 숨겨진 백 만불짜리 미소를 찾아보자.<br>미소 만들기 3 Steps(실습)<br>  • Step 1. 거울에 비친 나의 미소는 몇 점?<br>  • Step 2. 가장 행복했던 순간 떠올리기<br>  • Step 3. 부드러운 표정을 만들기 위한 근육운동<br>목소리 화장하기<br>  1. 소리에 밝음, 상쾌함, 윤택함, 풍만함이 있도록<br>  2. 단조롭지 않은 소리<br>  3. 인간미<br>  4. 소리에 미소가 담기도록 | |

| 구분 | 내 용 | 기 타 |
|---|---|---|
| 결론 | 5. 복식호흡에 의한 바른 발성<br>**(실습) 호감 가는 음성을 위한 제안**<br>• 서비스계에서 프로와 아마추어의 차이는 아주 작은 순간에 있다.<br>• 아마추어는 '마음→미소→음성'의 연결고리를 벗어나지 못하지만 프로는 '미소→음성→마음'의 연결고리를 만들어 나간다. 즉, 자신의 감정에 의해 슬프고 기쁜 표정과 음성을 고객에게 표현하는 서비스맨은 아마추어이고 언제나 웃음과 미소로써 음성을 밝게 하면서 마음을 행복하게 다스리는 사람은 프로다. 고객은 나의 거울 역할을 한다. 내가 미소를 보이면 미소로 답례하고 무표정으로 응대하면 고객은 불만족스러운 표정을 지을 것이다. | |

# Ⅴ-5. 이미지 메이킹 - 호감가는 음성

※ 목적 : 호감 가는 음성연출을 위해 발성/발음 연습 충분히 실습한다.

| 구분 | 내 용 |
|---|---|
| 서론 | • 좋은 목소리를 가진 사람들 중 70~80% 정도는 선천적으로 타고난 음성이지만, 나머지 좋은 목소리를 가진 사람들의 20~30%는 후천적으로 노력해서 얻은 음성이라고 한다.<br>• 가라앉은 게으른 음성을 본인의 음성 색깔이라고 잘 못 알고 있는 사람들이 많다.<br>• 그러나 개발하면 충분히 더 좋은 다듬어진 음성을 찾을 수 있다. |
| 본론 | • 예를들어 교육을 받을 때 졸음을 견디지 못하고 앞으로 인사하는 직원들이 많다면 강사의 책임이다. 위의 3가지 요소를 적절히 사용하지 못했기 때문이다. 일단 밝은 표정에서 경쾌한 억양이 나온다. "솔"음이 사람이 듣기에 가장 밝은 목소리를 낸다. 그리고 강약 조절, 끊어 읽기, 음량조절이 필수적이다.<br>**실습)**<br>1. 발성 & 발음 연습<br>  • 아-에-이-오-우-이-에<br>  • 라-레-리-로-루-리-레<br>  • 하-헤-히-호-후-히-헤<br>2. Tongue Twist<br>  • 칠월 칠일은 평창친구 친정 칠순 잔칫날 |

| 구분 | 내 용 |
|---|---|
| | • 이 분이 국제 관광공사 곽 관광과장이십니다.<br>• 중앙청 창살은 쌍 철 창살이고 시청 창살은 외 철 창살이다.<br>**3. Pausing**<br>• 그, 새끼 양을 잘 키워야 할 텐데!<br>• 그 새끼, 양을 잘 키워야 할 텐데!<br>• 나는, 민수와 미경이를 때렸다.<br>• 나는 민수와, 미경이를 때렸다.<br>• 아줌마, 파마 돼요?<br>• 아줌마 파마, 돼요?<br>**마지막으로 전체적인 말의 속도이다.**<br>• 일반적으로 적절한 속도를 유지하는 것이 중요하다. 여러분이 국어책을 소리내어 읽었을 경우에 1분에 120개의 단어를 읽는 정도가 정상적인 속도이다.<br>• 말의 정상적인 속도는 고객을 편안하게 하는 요소가 된다.<br>• 그러나 흔히 고객과 이야기할 경우에는 가능한 한 고객이 말하는 속도에 보조를 맞추는 것이 중요하다. |
| 결론 | • 고객이 즐거울 때는 조금 높은 목소리로 맞장구를 쳐주고 슬퍼할 경우에는 낮은 목소리로 위로해 주는 것이 프로 서비스맨이다. 말의 정상적인 속도는 고객을 편안하게 하는 요소가 된다.<br>• 그러나 흔히 고객과 이야기할 경우에는 가능한 한 고객이 말하는 속도에 보조를 맞추는 것이 중요하다. 고객이 느리게 이야기하면 다소 느리게 표현을 하며 빠르게 이야기 하면 빠른 속도로 보조를 맞추어야 한다. 말의 속도는 그 사람의 성격을 대변하는 경우가 많다.<br>• 이렇게 3가지 요소를 충분히 갖추었다면 우리 말의 표정은 A+ 가 되는 것이다. |

Part V. 호감가는 이미지 메이킹 연출법 중점

# V-6. 이미지 메이킹 - 상대방을 위한 표정

※ 목적 : 자신의 표정이 다른 사람에게 미치는 영향까지 생각해 봄으로 이미지 메이킹 재 정립해 나간다.

| 구분 | 내 용 |
|---|---|
| 서론 | • 표정이 좋은 연예인의 사진을 입수하여 사례로 이용<br>• 안면근육운동을 눈썹부터 턱까지 실시하여 스마일 연출의 준비단계 실습 |
| 본론 | • 미국에서는 아이다호 주의 포카텔로라는 도시를 '스마일 수도'로 지정하고 있다고 한다.<br>• 그 도시가 스마일 수도로 된 데에는 아주 흥미있는 일화가 있다.<br>• 1948년 포카텔로의 시장인 필립은 혹독한 추위에 시달리는 포카 텔로 시민들의 우울함을 달래는 재미있는 방법을 생각한 끝에 '스마일을 하지 않는 사람을 체포하라'는 가짜 법령을 무심코 내뱉었고 그 법령을 1주일간의 축제기간동안 적용하게되었다. 그 가짜 법령은 시민들의 침울한 기분을 없애는데 효과적인 성공을 거두게 되어 시민들에게 많은 호응을 얻었다. 그러나 세월이 흘러 그 가짜 법령은 사람들 기억에서 사라졌고 서고 안의 기록으로만 남게 되었다. 그러나 1987년 시청 직원이 이러한 옛 일화를 기사화됨으로써 국회에서 일련의 미국 도시의 홍보 캠페인의 일환으로 포카텔로를 '미국의 스마일 수도'로 지정하게 되었다고 한다. 포카텔로 시에서는 1987년 이후 매 해 9월 중 1주일간 스마일 축제를 개최하고 미리 선출된 최고의 음식 상인, 최고의 상점 주인, 최고의 언론인 등을 이 축제에 참여시켜 흥미있는 행사들을 진행한다고 하는데, 이 축제 기간 중 웃지 않는 참석자들에게는 '웃지 않는 것은 남에게 죄를 짓는 것과 마찬가지다'라고 하여 가짜로 체포 영장을 발부하고 체포하여 가짜 감옥에까지 보낸다고 한다. 그리고 체포된 사람은 '감옥' 같은 곳으로 보내져서 기부금을 내고 풀려 난다고 한다.<br>• 스마일을 하지 않아 남에게 폐를 끼쳤으니 죄를 범한 셈이고, 그 죄를 면하기 위해서 기부금을 내야 한다는 뜻이다.<br>**실습) 내 얼굴에 가장 어울리는 미소를 찾아보자.**<br>• 1단계) '음' 하면서 눈웃음만 짓는다.<br>• 2단계) '그렇지' 하면서 치아가 3~4개 보이도록 한다.<br>• 3단계) '배시시' 하면서 치아가 4~5개 보이도록 한다.<br>• 4단계) '우습지' 하면서 치아가 8개 이상 보이도록 한다.<br>• 5단계) '와아 신난다' 하며 입이 동그랗게 벌어지도록 웃는다.<br>**실습> 안면근육운동을 이용한 가위/바위/보 실습**<br>**웃음의 Plus 효과 -**<br>• 웃음의 효과는 크게 세 가지로 정리할 수 있다. 이미지 플러스, 건강 플러스, 서비스 플러스가 바로 그것이다.<br>• 이미지 플러스 : |

**〈현장적용 100%〉**
**골동품 CS(친절)교육 길라잡이!**

| 구분 | 내 용 |
|---|---|
|  | • 건강 플러스 :<br>• 서비스 플러스 :<br>• 스마일과 래프의 차이점 설명 : |
| 결론 | • 현장에서 노력하며 실천해야 할 스마일 인위적 연출의 중요성 동기부여로 마무리.<br>• 서비스맨으로서 스마일을 유지한다는 것은 자신의 이미지를 좋게 만드는 것뿐만 아니라 늘 대하는 고객의 마음까지 안심시키고 편안한 마음이 되게 만드는 매우 중요한 태도이다. 스마일은 도전할 가치가 있는 서비스맨이라면 반드시 갖추어야 할 기본매너인 것이다. |

## V-7. 이미지 메이킹 - 호감가는 미소

| 구분 | 내 용 |
|---|---|
| 서론 | • 예)길을 가다가 "야, 저 할머니 곱게 늙으셨구나" 하고 느끼는 경우가 있다. 할머니가 젊었을때 예뻤기 때문이기도 하지만 항상 삶을 긍정적으로 살아온 결과이다.<br>• 서비스에 있어서 미소는 정말 중요한 부분이다. 유쾌하고 부드러운 미소는 고객을 맞이하는 우리들의 의무인 동시에 서비스맨의 제 1의 광고 수단이다. |
| 본론 | • 사진을 찍을때 제일 많이 사용되는 단어들로는 김치, 치즈, 위스키 등이 있다.<br>• 이러한 말들은 모두 미소를 더 자연스럽게 잘 지어보자는 의도에서 사용되고 있다.<br>• 그런 면에서 다시 한 번 그 단어들을 생각해 볼 필요가 있다. 대부분의 우리나라 사람들은 '김치'를 제일 많이 외친다. 그러나 미소가 어색하다고 스스로 느끼는 사람이라면 '김치' 그 상태에서 짧은 시간에 '치-'를 하려다 보면 입모양이 조금 어색한 감이 없지 않아 있다. 우리나라 사람들이 '김치' 다음으로 자주 사용하는 말로 '치즈'를 들 수 있다. 치즈는 처음에 '치-[chee-]를 발음할 때는 입꼬리를 옆으로 당긴 후에 즈'-[se]를 말할 때는 오히려 입 꼬리가 아래로 처진다.<br>• 따라서 입모양의 변화상 미소를 짓는데 가장 쉬우면서도 효과적인 말은 '위스키'라고 할수 있다.<br>• 우선 입을 가운데로 모아서 위스키의 '위-'를 발음한다. 그 상태에서 입을 옆으로 당기듯이 '스'-를 발음한다. 마지막으로 입꼬리를 귀밑까지 올라가게 위로 활짝 올리면서 '키-를 발음한다.<br>• 이런 방법으로 '위스키'를 5회 반복하여 연습한다. 아무리 아름답고 훌륭한 미소라 할지라도 0.1초 또는 1초 만에 사라지는 미소라면 과연 그것이 미소로서 의미가 있겠는가? |

| 구분 | 내 용 |
|---|---|
|  | - 적어도 사람을 만난 후 첫인상을 심어주는 10초 정도는 미소를 유지 할 수 있어야 한다.<br>- 그런 취지에서 '위스키'를 한 상태에서 10초간 멈춰 유지하는 것을 연습해 본다.<br>- 이러한 10초 동안의 미소를 3회 반복해서 연습한다.<br>**실습〉 위스키 인내력 테스트 / 미소 릴레이 진행**<br>- 우리 주변에도 이렇게 눈을 전혀 움직이지 않고 웃음소리만 내면서 웃는 사람을 종종 찾아 볼 수 있다. 이 사람들은 평상시에도 눈 주변의 근육을 잘 사용하지 않기 때문에 차가운 인상을 주기 쉽다. 세계적인 미소라고 하면 모나리자의 잔잔한 미소가 먼저 떠오를 것이다. 살짝 올라간 입모양이 우는듯 마는듯 신비로움을 느끼게 한다. 그러나 웃고 있는 입을 가려보면 전혀 웃는 표정이 아니라는 것을 알 수 있다. 눈이 전혀 움직이지 않고 있기 때문이다. 예술작품이니 이 자체를 비난하고자 하는 것은 아니다. 하지만 이러한 표정으로 서비스 맨이 고객을 대한다면 이 표정 자체만으로도 고객들은 불친절하다고 느낄 것이 분명하다. 반면에 우리나라 전통문화 속에서도 세계적 미소를 찾아 볼 수 있다. 바로 양반탈의 미소가 그것이다. 웃는 얼굴을 보기만 해도 같이 따라 웃게 한다. 마찬가지로 양반탈의 입을 가리면 어떻게 되는가? 눈이 안보일 정도로 흐뭇하고 넉넉하게 웃는 표정이 더할 나위 없이 푸근하고 좋기만 하다. 입을 가리니 보는 사람을 더 따뜻하게 더 기분좋게 하는 듯 하다. 바로 눈이 웃고 있느냐, 그렇지 않느냐에 따라 이처럼 전체 표정이 달라지는 것이다. 상대방이 보기 만해도 같이 따라 웃게 만드는 미소야말로 마음을 움직이는 진정한 미소다. 바라는 것 없이 친근하게, 눈과 함께 미소 짓는 가식적이지 않은 서비스맨의 표정 하나만 보더라도 기분이 좋아지고 그 따뜻한 미소를 다시 한번 보고 싶어 또 찾아가고 보고 싶어지는 미소가 서비스 맨에게는 필요하다.<br>- 활짝 올라간 입 꼬리와 함께 눈으로 웃는 밝고 환한 서비스 맨이 미소가 한 기업의 긍정적인 첫 인상을 결정짓는데 매우 중요하다. 그렇지만, 한결 같이 지나치게 밝은 미소가 때로는 고객에게 부정적인 인상을 심어줄 수도 있다. 그러므로 상황에 맞는 표정관리 또한 필요하다.<br>- 불만을 표시하거나 언짢아 하는 고객에게는 진지하게 응대하는 것이 오히려 신뢰감을 줄 수 있다. |
| 결론 | - 옛말에 "일노일노 일소일소" 라 했다. 한번 화내면 한번 늙어지고 한번 웃으면 한번 젊어진다는 얘기이다. 정말이지 웃음은 보약이다. 지금 당장 거울을 보라.<br>- 그리고 한번 '씩~' 웃어보라. 겸연쩍더라도 다시 한번 웃어보자. 활짝! |

# Ⅴ-8. 이미지 메이킹 - 밝은 표정 연출

| 구분 | 내 용 |
|---|---|
| 서론 | • 세상에서 가장 가난한 사람은 미소가 없는 사람이다.<br>• 웃어라. 우리는 서비스맨이기 이전에 지구상에 존재하는 한명의 인간이다.<br>• 어두운 밤을 선택할 것인가? 아니면 밝은 낮을 선택할 것인가? 웃음이야말로 우리의 삶의 등불이 되는 중요한 도구이다. |
| 본론 | 1. 표정의 중요성 :<br>  • 표정은 첫인상, 이미지를 결정 짓는다.<br>  • 첫인상은 5초 이내 80%가 결정된다.<br>  • 호감을 주면 갑절로 돌아온다.<br>  • 밝은 표정은 미인의 조건이다.<br>2. Smile-Laugh의 차이점<br>3. 표정 연출의 다섯 가지 원칙<br>  ① 밝은 표정<br>  ② 부드러운 표정<br>  ③ 얼굴 전체가 웃는 표정<br>  ④ 뒷 모습이 웃는 표정<br>  ⑤ 생기 있는 표정<br>4. 표정을 만드는 훈련법<br>  • 안면근육 이완 운동<br>5. 표 정<br>  • 입의 양꼬리가 올라가게 한다.<br>  • 입은 가볍게 다문다.<br>  • 밝은 표정이 되게 한다.<br><br>싫어하는 미소<br>  • 비웃음<br>  • 크게 웃는 웃음<br>  • 다른 곳을 보며 웃는 웃음<br>  • 기타, 기분을 상하게 하는 웃음<br>6. 웃음의 효과<br>  ① 마인드 컨트롤 ② 감정이입 효과 ③ 건강증진 효과<br>  ④ 신바람 효과 ⑤ 호감 효과 ⑥실적향상효과<br>  • 웃음과 건강에 대해서는 많은 연구결과가 나와 있다. |

| 구분 | 내 용 |
|---|---|
| | • 우선 우리 몸은 총 650개 근육으로 되어 있는데 한번 큰소리로 웃으면 이중 231개의 근육이 운동을 하게 되고 얼굴의 근육만도 15개가 운동을 하게 된다. 이렇게 큰 소리로 1분 동안 웃으면 10분간 조깅을 한 것과 같다. 골프광들은 골프가 평소 생활에서는 잘 쓰지 않던 근육을 운동시켜준다고 예찬하지만 그래도 골프가 웃음만 하겠는가! |
| 결론 | • 미소를 자기 스스로 자연스럽게 연출하는 것은 쉽지 않다.<br>• 그러나 정말로 서비스 업종에서 분야별 최고의 자리에 오르고 싶다면 연습하라.<br>• 웃음은 여러분의 운명을 바꾸어 놓을 수 있다.<br>• 거울 속에 있는 여러분의 모습이 아름답게 느껴진다면 당신은 신체적이나 정신적으로 무척 건강한 사람이다. 왠지 모르게 자신이 어색해 보이면 다시한번 여러분 자신에 대해 생각해보라.<br>• 정말 건전한 정신에 건전한 신체를 가진 사람인지를. |

# Ⅴ - 9. 이미지 메이킹 – 인사의 포인트

※ 목적 : 일상생활에서 가장 중요한 첫 번째 절차이자, 예절인 인사예절 동기부여 시킨다.

| 구분 | 내 용 | 기 타 |
|---|---|---|
| 서론 | • 우리는 매일같이 눈을 뜨자마자 가족부터 시작해서 이웃주민, 동료, 친구, 고객 등 수많은 사람들을 만나게 된다. 이렇게 많은 사람들을 만날 때 자연스럽게 주고받는 행위가 바로 인사이다.<br>• 즉 인사라는 것은 한자에서도 그 의미를 볼 수 있듯이 '사람이 해야 하는 일' 즉 일상 생활에서 빼놓을 수 없는 우리의 모습이다.<br>• 인사하는 모습만 봐도 그 사람의 인품을 읽게 된다고 한다.<br>• 사회생활의 기본이 되는 인사예절.<br>• "안녕하십니까" "고맙습니다." "죄송합니다."의 기본적인 인사가 진정한 정성과 존중의 형식에 담겨질 수 있도록 하자. | |
| 본론 | **인사의 정의 :**<br>① 인간관계가 시작되는 신호 :<br>② 상대방에 대한 친절과 존경심의 표현 :<br>③ 스스로의 이미지를 높이는 기준 :<br><br>**인사의 5대 Point**<br>• 인사는 내가 먼저 | |

**〈현장적용 100%〉**
**골동품 CS(친절)교육 길라잡이!**

| 구분 | 내 용 | 기 타 |
|---|---|---|
| | • 상대를 바라보며<br>• 밝은 표정으로<br>• 인사말과 함께<br>• 허리숙여 한다.<br>　㉠ 미국 LA 공항의 번잡한 터미널에서 일어난 일이다. 4살가량 되어 보이는 작고 귀여운 일본인 꼬마 소녀가 터미널 주변을 천천히 둘러보더니, 복도 가운데서 한 무리의 미국인들에게 차분히 그리고 조용하게 일본 특유의 분위기로 고개 숙여 인사하는 것이다. 작은 소녀의 매혹적인(적어도 미국인들에게는) 제스처에 사로잡힌 그들 역시 소녀에게 고개 숙여 인사를 했고, 그들 주위의 다른 사람들 또한 그 멋진 장면에 박수를 터뜨렸다.<br>• 동, 서양 형식의 차이는 있지만 상대방을 존중하는 마음의 전달은 어렵지 않음을 엿볼 수 있는 대목이다.<br>**사례) 듣기 좋은 인사말 :**<br>① '솔'톤 ② 말끝을 살짝 올리기<br>③ 분명한 발음 ④ 밝고 활기찬 목소리<br>**인사의 3대 Point**<br>① 인사는 내가 먼저② 상대방에 맞추어<br>③ 한마디 덧붙이기(긍정적 견해, 간단한 질문, 칭찬)<br>**인사의 기본 자세 지도)** ① 발, 무릎- ② 손-③ 시선과 표정- | |
| 결론 | • 서비스맨으로서의 인사예절 중요성 강조<br>• 베스트 인사맨 교육생간 선정하며 상호 격려의 시간을 갖는다. | |

# Ⅴ-10. 이미지 메이킹 - 인사의 중요성

※ 목적 : 교육생들 간 몸으로 습득할 수 있는 실습중심 교육으로 이루어지면서 중요성을 강조한다.

| 구분 | 내 용 | 기 타 |
|---|---|---|
| 서론 | • 인사란? 사람 인(人)자와 일 사(事)자, 즉 사람이 하는 일이다.<br>• 동물과 특별히 구분되는 인간의 고유한 행위이며, 모든 인간예절의 기틀이다.<br>• 처음 상대를 봤을 때 예의 있는 사람과 예의 없는 사람의 기준은 무엇으로 평가 하는가?<br>• SPOT) "눈 맞으면 인사하자, 내가 먼저 인사하자" 상호 박수기법 | |

| 구분 | 내 용 | 기 타 |
|---|---|---|
| 본론 | • 아무리 표정이 좋고, 외모가 아름다우며, 성격이 좋은 사람이라 하더라도 인사를 하지 않는 사람을 보면 긍정적인 이미지를 갖지 못할 것이다. 인사는 처음 만나는 사람에게 긍정적인 이미지를 심어줄 수도 있고, 부정적인 이미지를 심어줄 수도 있다.<br>• 사전적으로 정의해 보면, 서로 만나거나 헤어질 때 말, 태도 등으로 존경, 인애, 우정을 표시하는 행동양식이다.<br><br>**인사의 중요성 : - 인사는 고객과 만나는 첫 걸음이다.**<br>• 친절의 시작이다.<br>• 고객에 대한 마음가짐의 표현이다.<br>• 인간관계가 시작되는 신호이다.<br>• 업무의 활력소, 인간관계의 윤활유 역할을 한다.<br><br>**습관화된 인사는**<br>• 소극적인 사람 → 적극적인 사람으로<br>• 정적인 사람 → 동적인 사람으로<br>• 그늘진 사람 → 밝고 활기찬 성격으로<br>• 우울한 사람 → 명랑한 사람으로<br>• 꽉막힌 사람 → 탁트인 사람으로 만들어 주는 힘을 가지고 있다.<br><br>**인사의 5원칙**<br>① 인사는 내가 먼저   ② 상대를 바라보며   ③ 밝은 표정으로<br>④ 인사말과 함께   ⑤ 허리숙여 한다.<br><br>**(실습) 공수법**<br>• 어른을 모시거나 의식행사에 참여시 두 손을 마주잡아 공손한 자세를 취하는 것.<br>• 공수는 어른 앞에서는 공손함을 표하는 수단이면서도 모든 절의 시작이기도 하다.<br>• 공수법의 위치 : 남자여우(男左女右)<br>• 흉사 시 공수법 : 흉사시 남자는 오른손을 위로하는 공수, 여자는 왼손이 위로한다. | |
| 결론 | • 러시아의 문호 톨스토이 – "어떠한 경우라도 인사하는 것은 부족하기 보다 지나칠 정도로 하는 편이 좋다." 라고 말하고 있다. 인사는 평범하고도 대단히 쉬운 행위이지만 습관화되지 않으면 실천에 옮기기 어렵다. 인사는 상대방을 위하기 보다는 나 자신을 위한 것이다.<br>※T.P.O – Time(시간), Place(장소), Occasion(경우)에 맞는 인사를 한다. | |

# V-11. 이미지 메이킹 - T P O 인사법 종류

| 구분 | 내 용 |
|---|---|
| 서론 | • 각국의 인사법 소개로 분위기 활성화<br>**각국의 독특한 인사법** :<br>• 미국 : 눈을 쳐다보며 상대의 손을 힘있게 쥐는 악수이다.<br>• 인도 : 두 손을 합장하여 가슴 높이에 놓고, 가볍게 절을 한다.<br>• 중동 : 살람!(salaam)으로 당신에게 평화가 있기를 의미한다.(가슴 이마 손을 흔듦) |
| 본론 | **인사의 개념정리** :<br>• 사전적인 의미에서 인사는 안부를 묻거나 공경의 뜻을 표하기 위하여 예를 표하는 일, 서로 알지 못하던 사람끼리 성명을 통하여 자기를 소개하는 일, 인간관계에서 지켜야 할 예의 있는 언행 또는 그 일. 이렇듯 인사란 상대에게 마음을 열어주는 구체적인 행동의 표현이며 환영, 감사, 반가움, 기원, 배려, 염려의 의미가 내포되어 있다. 가까워지고 상대방의 마음에 다가간다. 라는 뜻이 있다. 인사란 고객에 대한 서비스 정신의 표현이며 상사에 대한 존경심과 부하에 대한 자애심의 발로이고 자신의 인격을 표현하는 행동이다. 인사하는 그 사람의 자신감, 능력 등을 평가할 수 있는 인간관계가 시작되는 첫 신호이다. 인사는 상대방을 위하기보다는 나 자신을 위하는 것이다.<br>**대표적 인사방법** : (T P O에 따른 인사 실습) |

| 종 류 | 방 법 | 시 기 |
|---|---|---|
| 눈인사<br>(目禮) | 서로 눈이 마주 쳤을 때 말없이 고개를 끄덕이며 눈으로 하는 인사 | • 길 또는 실내나 복도에서 사람을 자주 대할 때<br>• 바쁘게 일을 하는 중에 손님을 맞이할 때<br>• 공동화장실, 목욕탕, 사우나실 등에서 아는 사람을 만났을 때<br>• 자신과의 직접 관계가 없는 방문객이 돌아가려고 할 때 |
| 약식<br>인사 | 허리를 15도 정도로 굽혀서 하는 인사 | • 악수를 나눌 때<br>• 고객의 용건을 접수 할 때<br>• 명함을 교환할 때<br>• 고객과 대화 중 양해를 구할 때<br>• 고객이 들어올 때 |
| 보통<br>인사 | 상체를 30도 정도 | • 상대에 대한 정식인사<br>• 손님맞이 할 때<br>• 같은 나이 또래와 처음 만났을 때<br>• 거래처 등 사회 활동에서 보편적으로 처음 인사를 나눌 때 |

| 구분 | 내용 | | |
|---|---|---|---|
| | 종류 | 방법 | 시기 |
| | 정중인사 | 약 45도 이상 | • 손님 배웅할 때<br>• 감사 또는 사과를 표시할 때 |
| | 악수요령 | • 윗사람→아랫사람<br>• 선 배→후 배<br>• 기혼자→미혼자<br>• 상급자→하급자 | |
| | 명함요령 | • 아랫사람, 방문한 사람, 소개된 사람이 먼저 명함을 드린다.<br>• 반드시 어디에 누구라고 밝히면서 주고 받는다.<br>• 명함을 동시에 교환할 때는 왼손으로 받고 오른손으로 건넨다.<br>• 윗분이 먼저 주시면 두손으로 '감사합니다' 하고 받고 '제가 먼저 인사를 드렸어야 하는데 죄송합니다. ○○에 ○○○입니다.' 해서 드린다.<br>• 명함을 받고 읽기 어려운 글자가 있을 때에는 바로 물어본다.<br>• 이때 상대방의 이름을 잘 기억해 두며 대화 도중에는 탁자 위에 두고 보도록 한다.<br>• 많은 사람들과 동시에 만났을때는 좌석 위에 맞춰 명함을 테이블 앞에 나란히 놓고 대화를 나누며 실수를 막을 수 있다. | |
| 결론 | • 성공의 지름길은 바로 인사로부터 시작되며 인사로 결정된다는 점 명심하자. | | |

# V-12. 부연 : 속담으로 풀어보는 CS

※ 다음에 소개하는 속담들은 오래 전부터 익히 들어 유익한 속담들이다.
　속담 속에 담겨 있는 참뜻을 교훈삼아 자신의 서비스 능력과 매너에 활용해보자.

■ 콩 심은데 콩나고 팥 심은데 팥난다.
　• 명심보감에도 나오는 표현이지만 평소 꾸준히 상대방에게 좋은 매너로 서비스를 제공하면 좋은 결과를 가져오며 꾸준히 수준 높은 서비스를 고객에게 제공하면 만족해 할 것이다.

### 〈현장적용 100%〉
### 골동품 CS(친절)교육 길라잡이!

- ◘ 꽃이 좋아야 나비가 보인다.
  - 평소 훌륭한 대화 테크닉과 매너 있는 멋진 복장을 갖추고 있으면 주위에 서비스를 받고자 하는 고객들이 하나 둘 씩 모이게 된다. 매너도 부족해 보이고 복장도 불량해 보이면 누가 당신에게 다가오겠는가 딸이 고와야 사위도 고를 수 있다는 속담처럼 서비스 제공자가 훌륭해 보여야 고객도 몰려온다는 뜻이다.

- ◘ 꿈을 꾸어야 님을 보지
  - 가만히 앉아서 고객이 오기만 기다려서는 안된다. 정성을 다하는 서비스와 고객에 대한 최상의 서비스를 준비해 놓지 않고서야 어찌 고객이 오기를 기다리는가

- ◘ 눈 먹는 토끼, 얼음 먹는 토끼, 제각각 이다.
  - 사람 중에는 말이 많은 사람, 신경질적인 사람, 말이 없는 사람, 의심이 많은 사람, 자존심이 매우 강한 사람 등 제각각 이다. 이들을 과연 어떤 대화로 응대해야만이 원만한 고객관리를 할 수 있는 것인가. 사람은 성장과정 또는 생활환경이 다르기 때문에 모두 다른 생각을 가지고 있다.

- ◘ 달면 삼키고, 쓰면 뱉는다.
  - 고객관리 또는 인간관계에 있어서 상대방이 좋은 점을 제공 하기도 하고 서비스 제공자에게 불리한 점을 제공하기도 하나 오랜 고객으로 인간관계를 하고자 한다면 현명한 방법으로 고객응대에 임해야 한다.

- ◘ 똥은 말라도 구린내 난다.
  - 한번 불쾌한 경험을 했거나 첫인상이 좋지 않으면 다시 회복하기가 힘들기 때문에 무엇이든지 첫인상이 오래 간다는 사실을 명심해야 한다.

- ◘ 발없는 말이 천리간다.
  - 소문은 무서운 법, 고객의 입을 통한 나쁜 소식은 물에 떨어진 한방울의 잉크처럼 소문이 퍼져 파장을 일으킨다. 항상 좋은 소문이 퍼지도록 노력한다.

- ◘ 가는 말이 고와야 오는 말도 곱다.
  - 평상시 대화할 때의 고운 언어와 매너는 다시 예의 바른 언어와 매너로 돌아온다. 불쾌한 말 한마디는 이내 짜증스런 말 한마디로 되돌아온다.

- ▣ 가랑비에 옷 젖는 줄 모른다.
  - 불성실한 서비스는 나쁜 결과를 가져온다. 평상시 무의식적으로 내뱉는 말 한마디가 계속되어 쌓이면 회복할 수 없는 구제불능이 될 수도 있다.

- ▣ 옷은 새옷이 좋고 사람은 옛 사람이 좋다.
  - 시설과 상품은 새롭고 개성적인 것이 좋겠지만 고객은 단골 고객이 최고다.

- ▣ 혼인날 똥 싼다.
  - 평상시에는 완벽하게 일을 처리하다가도 정작 중요한 순간에 실수를 하거나 이미지를 흐리는 수가 많다. 평소 매사 철저한 훈련 및 준비와 함께 확인이 필요하다.

## V-13. 부연 : 미소 관련된 예화 편

1. 지금은 고인이 된 여행전문가 김찬삼 교수에게 한 사람이 질문을 했다. "선생님께서는 세계 각국을 여행하시면서 많은 것을 보고 듣고 느끼셨습니다. 어떻게 언어가 통하지 않는 나라들을 별 탈 없이 여행할 수 있었습니까?"

   김교수의 대답은 간단했다. "그 나라 사람들을 대할 때 씩 웃으면서 대하면 됩니다. 미소는 언어를 떠나 '저는 여러분의 친구가 되고 싶습니다. 이 나라를 여행하면서 많은 것을 배우고 싶습니다. 도와주시지 않겠습니까?' 하는 뜻을 온몸으로 나타내는 것입니다. 그래서 저는 여행을 가기 전에 몇 달간 미소짓는 연습을 합니다.

   빙그레 웃으면서 방문을 하면, 어느 나라에서든 환영을 해줍니다. 언어는 그다지 문제가 되지 않습니다."

   미소를 짓는 것은 상대에게 선물을 주는 것이다. 마음으로부터 "만나서 반갑습니다. 당신을 좋아합니다. 당신을 만나서 행복합니다." 라고 말하는 것이다. 빙그레 미소를 지으면서 향기를 전하자. 당신이 있는 곳에 아름다운 향이 가득 찰 것이다.

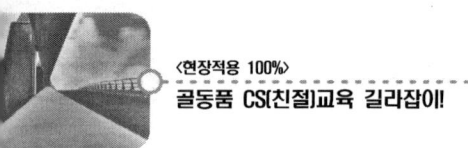

**〈현장적용 100%〉**
**골동품 CS(친절)교육 길라잡이!**

2. 국세청에 근무하는 이재우 과장에게는 남다른 고민이 있었다.
"저는 사진을 찍으면 제대로 나온 적이 한번도 없습니다. 아무리 미소를 짓고 밝게 찍으려고 해도 사진이 잘 안나와서 고민입니다. 사진사는 사진사대로 고생을 하고 저도 이 포즈 저 포즈 취하느라 땀을 뻘뻘 흘리지만 결과는 매번 마찬가지입니다." 사진 속 자신의 모습이 마음에 들지 않던 이 과장은 어느날 미소 짓는 연습을 해야겠다고 마음을 먹었다. 매일 5분씩 거울을 보며 연습하겠다는 다짐을 한 뒤 꾸준히 미소짓는 연습을 했다. 6주 정도가 지나자 이제 이 과장은 사진 찍는게 전혀 두렵지 않았다. 두 번 세 번 찍지 않아도 생각했던 대로 자연스러운 표정이 나온다며 자신 있어 한다. " 제 얼굴을 한번 보십시오. 예전보다 훨씬 밝아지지 않았습니까? 더 놀라운 것은 얼굴이 밝아지니까 제 마음이 밝아졌다는 사실입니다. 예전에 얼굴 표정이 밝지 못할 때는 뭔가 불안하고 모자라는 것 같아서 늘 긴장하고 살았는데 밝게 미소를 짓다 보니 마음도 그렇게 편안할 수가 없습니다. 진작 알았더라면 제 인생이 벌써 달라질 수도 있었을텐데..앞으로도 계속 미소를 잃지 않고 다른 사람들에게 미소 지을 수 있는 여유를 심어주도록 하겠습니다.

3. 도산 안창호 선생은 '화기 있고 온기 있는 민족'을 그리워 했다. 사람들이 서로 미워하고 가족처럼 존중하는 따뜻한 분위기가 부족한 것을 안타까워 했다. "왜 우리 사회는 차오? 훈훈한 기운이 없소? 서로 사랑하는 마음으로 빙그레 웃는 세상을 만들어야 하겠소."

4. 갓난아이의 방그레, 늙은이의 벙그레, 젊은이의 빙그레

5. 중국 송나라 때 유명한 관상가가 있었는데, 추운 겨울에도 베옷 하나만 입고 다녀서 사람들은 그를 보고 '마의' 라고 불렀다. 마의는 최악의 관상을 근심 어린 얼굴로 꼽았으며, 최고의 관상을 즐거워하며 웃는 얼굴로 꼽았다.
중매하는 사람들이 가장 선호하는 중매 대상은 바로 웃는 얼굴을 가진 사람이다. 그리고 미간이 찌푸려진 인상은 나중에 아들이 없는 인상이라 하여 최악의 신붓감으로 보았다.

6. 제임스 마크넬 교수에 의하면 미소는 직장에서 당신의 입장을 보다 좋게 해주고, 가정에서는 보다 친근한 부모로 만들어주며, 인생을 더욱 즐겁게 해준다고 한다. 항상 찡그린 얼굴을 하고 있는 의사는 미소를 짓고 있는 의사에 비해 의료 실수가 2배나 높다고 한다. 또한 청소년 범죄자의 부모 중 80%가 일상생활 속에서 미소를 잊고 살아간다는 연구 결과도 있다.

7. 어린아이는 하루에 300~500번 정도 웃음을 터뜨리는 반면에 성인은 하루에 7~10번 정도

웃음을 터뜨린다고 한다. 웃음은 뇌에도 좋을 뿐만 아니라 15개의 안면 근육을 동시에 수축시키고 몸속에 있는 650개의 근육 가운데 230여 개를 움직이는 최고의 전신 운동이다. 가족이 함께 모이는 날에는 배꼽을 잡고 한 바탕 웃어보자. 누가 가장 오랫동안 잘 웃는 지 웃음테스트도 하고, 유머 대회도 열어보자.

8. 세익스피어는 "세상에 절대적으로 좋거나 나쁜 것은없다. 다만 우리의 생각이 그렇게 만들 뿐이다."라고 말했다.

9. 링컨도 "우리는 우리가 행복해지려고 마음먹은 만큼 행복해 질수 있다. 우리를 행복하게 만드는 것은 우리를 둘러싼 환경이나 조건이 아니라, 늘 긍정적으로 세상을 바라보며 아주 작은 것에서부터 행복을 찾아내는 우리 자신의 생각이다. 행복해지고 싶으면 행복하다고 생각하라." 고 말했다.

"최후에 웃는 사람이 진정한 승자다." 라는 영국 속담처럼 웃음지수는 내가 진정한 승자인지를 판단할 수 있는 기준이 된다. 동물이 웃고 있는 것을 본 적이 있는가? 만약 동물이 웃고 있다면 동물이 미쳤거나, 사람이 미쳤거나 둘 중의 하나 일 것이다. 인간만이 가진 특권이 웃을 수 있는 능력이다.

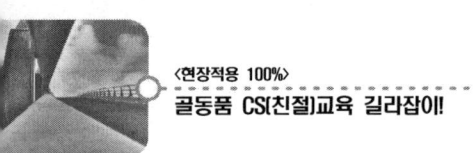

# V-14. 외부 특강 자료 - 이미지 메이킹 편

### 〈 ○○ 고등학교 서비스 교육 〉

**1** 이미지 메이킹의 개념과 중요성 :

**2** 긍정적 이미지 만들기 :

1) 용모와 복장 :

2) 표정 + 시선 :
- 포커페이스?
- 래프와 스마일의 차이점?
- 나이쁘?(나는 365일지지 않는 웃음꽃이다)
- 안면근육이완운동 : 예) 치즈, 김치, 위스키 비교 설명
  예) 민들레 - 진달래 - 민들레 - 진달래
- 가위바위보(웃음총)
- 적절한 시선 처리(역삼각형)

3) 인사의 중요성, 역할 : 실습

4) 음성
- 아에이오우
- 라레리로루
- 하헤히호후

5) 태도(앉는자세, 서는자세, 걷는자세) : 손의 위치

6) 웃음의 효과 ? 외모보다 중요한 것이 웃음이다.
  ① 웃음이 스트레스를 진정시킨다.
  ② 웃음은 혈압을 낮춘다.
  ③ 혈액순환을 도와준다.

④ 면역체계를 증진시켜 준다.
⑤ 소화기관을 안정시키는 작용을 한다.

※ 억지로 웃어도 90%의 효과가 있다.
※ 혼자 웃는 웃음보다 여러 사람이 함께 웃으면 33배의 효과를 가진다.

# Ⅴ-15. 외부 특강 자료 - 이미지 메이킹

〈 ○○○○○○복지관 출장강의 〉

### SPOT 기법 : 건강 웃음, 해바라기 웃음

### 1 이미지란?
(질문) 먼 훗날 "아, 이사람 이래이래 한 사람이었지.."

- 어떤 사람에 대해 자기 나름의 생각, 취향에 따라 편집하고 만드는 그 사람에 대한 생각의 덩어리, 특유의 감정이다. 그래서 나의 이미지는 '타인이 보고 느낀 나의 모습' - (서로의 얼굴을 보기) 내가 예절바른 사람이 되고자 한다면 다른 사람들에게 예절 바른 사람이라는 나의 이미지를 심어져야 하기 때문이다. 나의 이미지는 내적 이미지(인성)와 외적 이미지(외모)로 구성된다. 내적인 이미지에서 풍겨지는 인성과 외적으로 사람들에게 보여지는 것에 상대방의 인식이 더해져서 만들어진 나의 인상이 이미지이다. 즉 나의 이미지는 다른 사람들이 보고 느낀 나의 모습인 것이다. 좋은 이미지를 형성하는 요인에는 인간미, 정성스러운 마음, 깊은 관심, 신뢰감, 겸손함, 역지사지로 상대방을 배려하는 태도, 매너있는 행동, 청결한 외모, 온화한 말씨 등이 있다. 이미지에는 네 가지 유형이 있다.
① 첫인상은 좋았으나 볼수록 나빠지는 형
② 첫인상은 나빴으나 볼수록 좋아지는 형

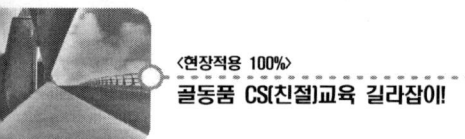

③ 첫인상도 나빴고 볼수록 더 나빠지는 형
④ 첫인상도 좋았고 볼수록 더 좋아지는 형

- 최상의 이미지는 ?(질문) 물론④ 이다.
- 사람의 이미지 형성에서 가장 중요한 것이 첫인상이다. 첫인상은 보통 지속적으로 대인관계에 영향을 미치게된다.

## 2 이미지 메이킹?(질문)

- 이미지 메이킹이란 타인에게 비쳐지는 자신의 모습, 즉, '이미지'를 멋있고, 개성있게 연출하여 좋은 인상을 만들어 가는 방법이다. 이미지는 보여지는 것에서부터 시작된다. 사람의 첫인상은 서로 대화를 나누기전에 이미 상대방의 외모에서 거의 50% 이상이 결정된다. 사람들은 말을 안 해도 표정이나 옷의 색상, 옷차림, 머리 모양 등으로 상대방을 어렴풋이 알수 있다. 이것은 시각 언어가 더 강한 메시지를 전달한다는 것을 의미한다. 현대는 자기 PR의 시대라고 한다. 자신을 얼마나 상대방에게 잘 인지시키느냐에따라 성공하느냐 실패하느냐를 판가름 할 수 있기 때문이다. 자신의 단점을 보완하고 장점을 부각하는 효과적 기술로서의 이미지 메이킹은 이제 특정 전문인에게만 해당 되는 분야가 아니라 현대인이 갖추어야할 필수 요소가 되었다.

## 3 이미지 메이킹의 기본 요소 5가지

1) 온화한 표정
   - 사람을 처음 만났을 때 시선이 가장 먼저 가는 곳이 바로 얼굴이다. 얼굴은 '얼의 거울'의 준말이다.
   - 얼굴은 사람의 얼을 비추는 거울이다. 사람의 첫인상은 대개 그의 표정에서부터 시작된다. 표정은 매너의 가장 기본이 되는 요소이다. 표정이 밝은 사람은 대체적으로 성격도 밝고 적극적인 경우가 많다. 누구나 어두운 표정의 사람보다는 밝고 건강한 이미지를 지닌 사람과 가까이 하고 싶다. '주위 사람들이 내 표정을 보고 어떠한 느낌을 받을까?'
   - 그런데 늘 좋은 표정을 유지하는 것은 생각만큼 쉬운 일이 아니다. 좋은 표정을 짓는 습관 형성은 마음을 다스리는 것처럼 어려운 것이기 때문에 인격 수양의 중요한 부분이 되는 것이다.

- 표정 훈련의 필요성
  - 풍부한 얼굴 표정을 짓기 위해서 다른 운동과 마찬가지로 평소에 안면 근육 운동이 필요하다.(실습)
- 밝은 미소가 좋다는 것은 누구나 공감하지만 밝은 미소를 짓는 것은 생각처럼 쉽게 되지 않는다. 마음은 그렇지 않은데 좋은 표정을 짓기가 어려운 이유는 얼굴의 근육이 너무 굳어 있기 때문이다.
- 좋은 표정을 짓기 위해서는
  - 첫째, 평소 거울을 자주 보는 습관을 기른다.
  - 둘째, 좋은 표정을 짓기 위한 표정 훈련을 지속적으로 실시한다.
  - 셋째, 근육 훈련만으로 표정이 자연스럽게 밝아지는 데는 한계가 있다는 점을 명심하고 밝고 좋은 생각, 마음의 여유를 가지려는 노력을 기울인다.
- 얼굴 부분별 표정 연출 -(실습)- 미소짓기 운동 1탄 -(하/ 히/ 후/ 헤/호)

POINT

**내 얼굴에 가장 어울리는 미소를 찾아보자.**
- 1단계 : '음' 하면서 눈 웃음만 짓는다.
- 2단계 : '그렇지' 하면서 치아가 3~4개 보이도록 한다.
- 3단계 : '배시시' 하면서 치아가 4~5개 보이도록 한다.
- 4단계 : '우습지' 하면서 치아가 8개 이상 보이도록 한다.
- 5단계 : '와아 신난다' 하며 입이 동그랗게 벌어지도록 웃는다.

2) 단정한 용모, 복장
- "수신제가 치국평천하" 자신의 몸을 돌보고 가꾸는 일이야말로 의미있는 삶을 향한 첫걸음인 것이다. 이제 차림새는 단순한 멋내기라기 보다 자신의 삶의 전략이다.

3) 바르고 절도 있는 자세 : 안내모습 연출

4) 인사하기
- 인사란 사람들이 하는 일이다. 인사는 평범하고도 대단히 쉬운 행위이지만 습관화 되지 않으면 실천에 옮기기가 어렵다. 인사를 습관화 하게 되면, 그늘진 성격이 밝아지고, 소극적인 사람은 적극적으로, 정적인 사람은 동적으로, 우울한 사람은 명랑하게, 꽉막힌 사람은 탁트인 사람으로 변하게 된다.

- 인사의 5원칙
  - 인사는 내가먼저 / 상대를 바라보며 / 밝은 표정으로 / 인사말과 함께 / 허리숙여 한다.
- 인사 잘하는 법 : 인사는 마음속에서 우러나오는 감정과 겉으로 드러나는 형식이 복합되어 전달되기 때문에 인사를 할 때는 내면의 친절, 정성, 감사의 마음을 정중하면서도 밝고 상냥하게 표현해야 한다. 인사의 기본은 정중하면서도 명랑한 표정을 보이는 것이다. 아무리 얼굴이 예쁘고 곱게 화장을 했다 하더라도 미소를 담은 표정만큼 아름다울 수는 없다. 인사의 주도권은 누군가와 만났을 때 최초 10초에 달려 있다고 한다.
- "인사는 순간의 승부다" 라고 말해지는 것처럼 만나는 순간에 반사적으로 바로 인사해야 한다. 즉, 사람만 보면 저절로 허리가 굽어져야 하는 것이다. 변함없이 인사를 잘 하는 습관은 자신의 성격을 밝게 해주고 적극적이고 활동적인 명랑한 사람으로 변화 시켜 준다. 결국 인사란 상대에게 따뜻한 마음을 담아 전달하는 것만으로 끝나는 것이 아니다.
- 상대를 위한 것이 아닌, 자신의 좋은이미지를 형성하는, 자신을 위한 것임을 알아야 한다.

5) 부드럽고 상황에 맞는 말씨 : 경어 사용

### 1 결론

- 매너의 5가지 기본 요소는 한 요소, 한 요소를 잘 할수록 이미지가 좋아지는 '덧셈의 원칙'이 적용되는 것이 아니라 4가지 요소를 잘 하더라도 나머지 한 가지 요소가 부족하면 전체적인 이미지가 나빠지는 '곱셈의 원칙' 이 적용된다.

# Ⅴ-16. 외부 특강 자료 – 이미지 메이킹 중요성

## 1 서론

- 제옆에 앉아줘서 고맙습니다. 하하하~(서로 악수하며) 웃으면 내 마음에 돈이 쌓인다.

## 2 본론

- 이미지 메이킹의 개념 : 소개팅을 나갔을 때 처음 상대방과 마주 앉아 무슨 생각을 하는가? (경험담)

- 만약 내가 좋아하는 이상형의 상대가 나와 있다면 그 상대를 보면서 행동이나 태도가 모두 긍정적으로 보일 것이다. 그러나 내가 원하지 않는 상대가 나와 있다면, 차만 마시고 그 자리를 떠나고 싶은 마음일 것이다. 이것처럼 이미지는 긴 시간에 결정되어 지는 것이 아닌 보는 순간 3~8초 안에 결정이 된다.

- 내가 아무리 좋은 이미지를 가지고 있다 하더라도 상대가 생각할 때 그렇지 않다면 내 생각과 다르게 평가하게 될 것이다. 이미지란 내가 평가하는 것이 아닌 상대방이 평가를 하는 것이다.

- 앨버트 메러비언은 인간관계에서 이미지가 결정되는 요소로서 시각적 효과 55%, 청각적 효과 38%, 언어적 요소가 7% 라는 분석을 했다. 처음 대면하는 순간 상대방 즉 고객이 첫 이미지를 결정하는데 외모와 표정, 몸가짐에서 결정됨을 알 수 있다. 이미지를 결정하는 기회는 단 한번 뿐이다. 아무리 괜찮은 사람이라고 하더라도 한번 부정적인 이미지로 각인되면 긍정적인 이미지를 만들기 위해서 그만큼 시간을 투자해야 한다. 처음 병원에 방문했을 때 가장 먼저 보이는 것은 무엇인가? 병원의 환경? 분위기? 그 전에 먼저 보이는 것은 직원의 이미지 일 것이다. 내가 깨끗하고 분위기 좋고 시설이 좋은 음식점에 갔다고 생각해보자. 그런데 주문을 받으러 온 직원의 복장이나 표정이 별로 맘에 들지 않는다면 무슨 생각을 할까? 음식점의 음식이 아무리 맛있고, 분위기가 좋다고 하더라도 그 음식점을 다시 가고 싶은 생각이 들지 않을 것이다.

- 첫 인상이 왜 중요할까? 누구나 밝고 건강한 이미지를 가진 사람과 가까이 있고 싶어 한다.

- 당신의 이미지는 어떤가? 긍정적인 이미지로 남고 싶은가? 부정적인 이미지로 남고 싶은가?

**골동품 CS(친절)교육 길라잡이!**

- 첫 이미지로 그 사람의 나이, 직업, 성격, 신뢰감, 성실성 등을 어느 정도 평가 할수 있다고 고덴 앨버트는 대인지각이론에서 말했다. 처음 상대를 보고 모든 것을 판단할 수 없지만 "다음에 다시 만나고 싶다. 이 사람과 대화를 하면 뭔가 통할 거 같다"란 판단을 할 수 있다.
- 개인의 이미지를 향상시키고자 하는 사람의 출발점은 먼저 나 자신을 바르게 아는 일이다.
- 그래야 자기가 바라는 이미지와 비교하여 어느 부문을, 어떻게 향상시킬까 하는 방법이 나온다
- 어떤 사람이든 자신의 이미지를 쇄신하려면 자기 자신을 먼저 사랑할 줄 알아야한다.
- 당신이 진정한 의미의 자기사랑을 원한다면 가까운 사람에게도 예의를 갖추는 것이 필요하다.
- (실습) 나는 누구인가? - 10명의 사람에게 나를 보면 직감적으로 떠오르는 단어 3개씩을 말해달라고 한다.

### 3 결론

- 다양한 신체움직임이 사회적으로 긍정적 인식을 심는 역할
- 미소, 머리끄덕임, 눈썹 치켜 올리기

## ◉ IMAGE GAP ◉

| 자신의 평가 | 타인의 평가 |
| --- | --- |
| 1. 행동이 빠르다 | 성급하다 |
| 2. 끈기가 있다 | |
| 3. 모든 면에서 적극적이다 | 너무 끼어드는 경향이 있다 |
| 4. 좋은 것을 남에게 권한다 | |
| 5. 착하다 | 답답하다 |
| 6. 세세한 면에 구애 받지 않는다 | |

**〈현장적용 100%〉**
**골동품 CS(친절)교육 길라잡이!**

### ◉ IMAGE GAP ◉

| 자신의 평가 | 타인의 평가 |
|---|---|
| 1. 행동이 빠르다 | 성급하다 |
| 2. 끈기가 있다 | |
| 3. 모든 면에서 적극적이다 | 너무 끼어드는 경향이 있다 |
| 4. 좋은 것을 남에게 권한다 | |
| 5. 착하다 | 답답하다 |
| 6. 세세한 면에 구애 받지 않는다 | |

## ● 나는 누구인가? ●

- 10명의 사람에게 나를 보면 직감적으로 떠오르는 단어 3개씩을 말해달라고 한다.

| 구 분 | 가 | 나 | 다 |
|---|---|---|---|
| 1 | | | |
| 2 | | | |
| 3 | | | |
| 4 | | | |
| 5 | | | |
| 6 | | | |
| 7 | | | |
| 8 | | | |
| 9 | | | |
| 10 | | | |

| | | | | |
|---|---|---|---|---|
| 탁월성 | 팀 웍 | 쾌 활 | 협 동 | 프로정신 |
| 영향력 | 파 워 | 모 험 | 조 화 | 의지력 |
| 영 성 | 자기계발 | 판단력 | 열 정 | 실천력 |
| 중 용 | 균 형 | 결단력 | 용 기 | 자 비 |
| 겸 손 | 긍정적 태도 | 성 실 | 자기표현 | 자 유 |
| 독립심 | 끈 기 | 성 장 | 의 리 | 자주성 |
| 헌 신 | 기 술 | 신 념 | 유 머 | 통찰력 |
| 포용력 | 리더십 | 전문성 | 영 성 | 정 의 |
| 정 직 | 사 랑 | 존 경 | 감 성 | 성 취 |
| 진실성 | 전문성 | 지 혜 | 창의성 | 충 성 |

- 나는 누구인가?

> 나 ○○○ 는 ( ), ( )한 사람이다.

- 선택한 2가지 단어 중 하나만 괄호에 넣고 파트너가 읽어주라.

> -나는 ○○○ 님이 ( ) 하심을 감사드립니다.
> -나는 ○○○ 님의 ( ) 가/이 깊어지고, 계속 성숙해 가는 것을 존경합니다.
> -또한 그 ( ) 가/이 좋은 영향력을 미치는 것을 기대합니다.

# Part. VI 우호적인 인간 관계 향상 편

〈현장적용 100%〉
골동품 CS(친절)교육 길라잡이!

## Ⅵ-1. 인간관계 향상 교육 본문

※ 성공자들의 85%는 인간관계에 달려있다. 보다 우호적인 사람이 되는 법으로는?
※ 강조 내용 : 한번 더 인사하기/한번 더 미소짓기/한번 더 이해하기/한번 더 설명하기

### 1 한번 더 인사하기 : 인사하는 모습만 봐도 그 사람의 인품을 읽게 된다.

- 미소와 동반된 밝은 음성은 어떨 땐 지친 몸에 생기를 불어넣는 피로회복제와 같은 역할.

> **POINT**
>
> **인사의 5원칙 :**
> - 인사는 내가먼저
> - 상대를 바라보며
> - 밝은 표정으로
> - 인사말과 함께
> - 허리숙여한다.

### 2 한번 더 미소짓기 : 최소 10초 이상 유지능력 필요

- 표정에 관한 중국속담 : 웃는 얼굴이 아니면 가게 문을 열지 말라.
- 일본속담 : 웃는 얼굴에는 화살도 피해간다.
- 한국속담 : 웃는 문으로는 만복이 들어온다.
- 독일의 알폰스 테켄교수에 의한 웃는 얼굴 4가지 철학 :
  첫째 : 건강을 위한 스마일
  둘째 : 배려와 사랑의 표현으로서의 스마일
  셋째 : 일상생활에서 커뮤니케이션으로서의 스마일
  넷째 : (그럼에도 불구하고의 스마일)
- 병원을 망하게 하는 가장 나쁜 바이러스는? 무표정 바이러스
- 실습 : 1단계~5단계 미소 찾기(음/그렇지/배시시/우습지/와아 신난다)
- 긍정적 인상을 심어주는 연속 동작 : 미소, 머리 끄덕임, 눈썹 치켜 올리기

- 래프(Laugh)와 스마일(Smile)의 차이점
  laugh : 예) 개그 콘서트 보면서 터져나오는 웃음 – 수동적, 반사적, 무의식적임
  Smile : 예) 자신의 감정과 무관하게 인위적인 연출 – 능동적, 인위적, 의식적임
- 매력적인 스마일 라인을 위한 제안 : 위스키, 미나리, 개나리 연습

### 3 한번 더 이해하기 :

- 5-3 = 2(어떤 오해가 있더라도 세 번이상 생각하면 이해가 된다.)
- 2 + 2 = 4(이해하고 이해했더니 측은하게 생각된다, 사랑하게 되었다)
- 비난, 비판, 불평은 집비둘기와 같다. 다시금 내 자신에게 돌아온다.
  (너나 잘 하세요~~)

### 4 한번 더 설명하기 : 목소리 화장법 연출 연습, 말의 중요성 강조

- 쌀은 쏟고 주워도 말은 하고 못 줍는다.
- 온정이 깃든 말은 삼동 추위도 녹인다.
- 같은 말을 표현하더라도 따뜻하게 쿠션용어를 사용함으로 부드럽게 ..

## Ⅵ-2. 인간관계 향상 교육 본문

※ (질문) 이 세상에서 가장 어려운 일은? 사람이 사람의 마음을 여는 일

### 1 인생의 3고 : 웃고, 울고, 놀고

- 감정을 표현하며 스스로를 속이지 말고 살면 인간적인 모습들이 발견된다.
- 실습) 악수게임 – 여기 오신 분들에게 인사하세요..
- 내가 먼저 다가가지 않으면 안되는 게 원칙

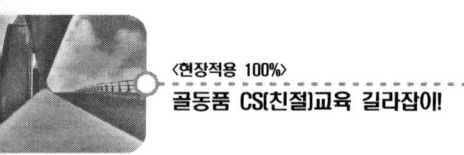

**〈현장적용 100%〉**
**골동품 CS(친절)교육 길라잡이!**

### 2  인간관계에 필요한 명심보감 10계명

- 제 1계명 : 열린 마음을 가져라.(닫힌 창고보다는 열린 뒤주가 낫다.)
- 제 2계명 : 첫 인상에 승부를 걸어라.
- 제 3계명 : 외모보다는 표정에 투자하라.(표정이 안 좋다면 다른 것에 투자하는 것은 낭비다.)
- 제 4계명 : 자신감을 가져라.(당당하고 야무진 모습은 무언의 설득력이다.)
- 제 5계명 : 열등감에서 탈출하라.(상황을 바꿀 수 없다면 생각을 바꿔라)
- 제 6계명 : 객관적인 자신을 찾아라.(진정한 자기 발견은 돈보다 값지다.)
- 제 7계명 : 자신을 목숨을 걸고 사랑하라.
  (자신을 아낄 줄 모르는 사람은 남도 아낄 줄 모른다.)
- 제 8계명 : 자신의 일에 즐겁게 미쳐라
- 제 9계명 : 신용을 저축하라.
- 제10계명 : 남을 귀하게 여겨라.(아무리 못났어도 나보다 나은 점이 있기 때문이다.)

---

옛날에 한 어머니가 태어날 아기를 위해 기도했다. 주여! 태어나는 저의 아이가 모든 사람에게 사랑을 듬뿍 받는 아이가 되게 해주소서! 하나님은 정성담긴 기도를 한 그의 어머니의 소원을 들어주었다. 세월이 흘러 사랑을 받는 것에만 익숙해진 아이는 거만하기 짝이 없게 자랐다. 이 모습을 보고 어머니는 예전에 빌었던 자신의 기도가 부질없고 어리석은 것이었는지 크게 느끼며 다시 기도를 했다.
"주여! 어리석은 저를 용서하시고 제 아이가 사랑을 받기 보다는 사랑을 듬뿍 줄 수 있는 아이로 자라게 해주소서! 그렇다. 사랑을 베풀줄 아는 것이 더욱 중요하다.
사랑을 베푸는 사람은 일부러 사랑받게 해달라는 기도를 하지 않아도 사랑을 받게 되는 것이다.
사랑을 베풀면 사랑을 받게 된다라는 지극히 자연스런 명제를 우리는 자주 잊곤 한다.
사랑을 베풀줄 아는, 친절을 베풀줄 아는, 서비스를 할 줄 아는 그런 나를 만들어보자.

천국의 계단 : 권상우 대사 - 사랑은 돌아오는 거야~~(부메랑의 효과)

## Ⅵ-3. 인간관계 향상 풀이

- 빨간색하고 파란색하고 섞으면 무슨 색이 되는지 아는지요? 바로 보라색이다.

- 두 가지 색깔이 모여서 전혀 다른 색을 만드는 게 물감뿐만 아니라 직장생활을 하는 우리도 마찬가지다. 성격이 온순한 사람, 소극적인 사람, 활발한 사람, 약간의 잘난 체를 하는 사람.

- 이런 각양각색의 사람들이 모여서 부서를 이루고 한 조직의 구성원으로서 조화를 이루며 일을 하는 것이다. 작년에 했었던 친절테마를 다시 한번 도전하는 해이다. 바로 고객만족 곱하기 2.

- 율동하며 한번 해보도록 하자. 자세를 바로 잡고 고객만족 곱하기 2!

- 그럼 구체적인 실천사항을 토대로 하나씩 살펴보도록 하자.

- 직원이 선창하면 따라하는 걸로 진행.

- 한번 더 미소짓기! 한번 더 인사하기! 한번 더 설명하기! 한번 더 이해하기! -한 목소리로 크게 복창

- 첫 번째가 한번 더 미소 짓다. 핸드폰이나 디카로 셀카 많이 찍을 것이다. 심심하면 찍고 기다리면서 찍는 경우가 많은데 셀카 찍을 때 부끄러워 하면서 찍는 사람 보았는가? 다양한 표정들이 나온다.

- (눈은 크게, 45도 턱은 내리고) 혼자 찍는데 부끄러워 하는 사람은 없다. 오히려 자연스러운 모습들, 이쁜 모습들이 더 많다. 셀카는 나 혼자 찍어서 나 혼자 잘나왔는지 보고 안 이쁘면 지우면 되지만 단체사진이나 모임회원들이랑 사진을 찍을 때는 어떤까? 누군가 나를 찍고 있다는 마음에 이쁘게 나와야 되는데 하는 마음 때문인지 자연스러운 표정이 나오지 않는다. 그래서 한번 더 미소짓자라는 의미에서 사진찍을 때 좀 더 자연스러운 미소를 위해서 위스키로 연습해 보도록 하자.

- 음률을 넣어 위~스~ 키~ 키에서 10초 정도 유지해보자. 이대로 옆 사람 보도록 권유~

- 저 사람은 뭐가 좋아서 저렇게 웃고 다닐까? 라는 생각할 때가 있다. 그만큼의 훈련, 연습에 의해서 이루어지는 것이다. 다 누굴 위해서? 나를 위해서~ 미소를 지으면서 우리는 인사를 한다. 그런데 여러분중에 한번이라도 인사를 했는데 상대방이 안 받아준 경험이 있는 분 손 한번

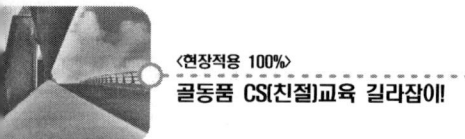

**골동품 CS(친절)교육 길라잡이!**

들어보게끔.

- 다 경험이 있을 것이다. 타 부서에 들어가며 안녕하세요~라고 했는데 쳐다보지도 않았다면 참으로 무안하다. 다들 그런 경험이 있을 것이다.

- 오늘부터 생각의 전환이 필요하다.

- 하면 해야지가 아니라 내가 먼저! 라는 적극적인 자세! 아무데나 보면 어때? 아니라 상대를 바라보며~ 그리고 바쁜데 무슨? 아니라 밝은 표정으로~ 할 말도 없는데가 아니라 인사말과 함께 그리고 빨리하고 지나가자 가 아니라 정중하게 허리 숙여 한다.

- 인사의 정의를 다음과 같은 원칙으로 실천해 보자.

- 내가 먼저 상대를 바라보며 밝은 표정으로 인사말과 함께 허리숙여 한다.

- 말로서만이 아닌 실전 연습을 해보도록 하자.

- (실습요령)『인사성이 밝은 선생님께서 한분 나오셔서 맘에 드는 직원분에게 최대한 정중하게 인사를 하겠습니다. 인사를 받으시는 분은 맘에 안든다하면 "흥"하시면 됩니다. 아주 잘하셨죠? 상대방을 생각하는 마음에 전해집니다. 인사를 했으면 말을 해야겠죠~ 여러분들이 나는 이런 호칭을 듣고 싶다~ 사장님~ 사모님~ 원장님~ 내가 아줌마여서 아가씨라는 말 듣고 싶은게 여자의 마음이라면 오빠라는 말을 좋아하는 남자의 마음도 이와같겠죠? 야~ 너~식사하셨어요? 이렇게 말하는 사람은 없습니다. 사장님~ 밥 먹었어? 이렇게 말하는 사람 없습니다. 상대방을 부를 때 호칭에 따라 나머지말도 이어지는 것입니다. 그래서 "아"다르고 "어"다르다 똑같은 의미지만 어떤 말은 기분 좋게 들리고 어떤 말을 나에게 상처가 될 때가 있습니다. 입원환자 찾으러 왔을 때 "누구요?" "아니요~실례지만 성함이 어떻게 되실까요? 맞습니다. 뭐라구요? 아니죠~ 죄송합니다만 제가 잘못 들었습니다. 다시 한번 말씀해주시겠습니까? 맞습니다. 그러면 우리 지역 사람들이 억양이 좀 쎄다고 하는데 내 혀에 입술에 버터를 바릅니다. 실례지만 성함이 어떻게 되실까요?~ 좋습니다. 그럼 버터를 듬뿍 바르신 선생님께서 읽어주시겠습니다. 얼마나 좋습니까? 내가 듣기도 상대방이 듣기도 부드럽게 들립니다. 이제 열심히 설명을 했기 때문에 잠깐 쉬어가는 것도 좋겠죠?』라며 계속 교육을 진행해 나간다.

# Ⅵ-4. 우호적인 인간관계 편

〈 열린 마음, 행복한 일터로 만드는 삶의 원칙 〉

## 1 서론 :

- "생각하는 인간으로서 행동하라. 그리고 행동하는 인간으로서 생각하라." :
  - 프랑스 생철학자 앙리 베르그송

## 2 본론 :

- 미 : 미소는 우리를 행복하게 합니다.
- 인 : 인사는 우리의 마음을 열게 합니다.
- 대 : 대화는 서로의 이해를 높여 줍니다.
- 칭 : 칭찬은 서로 용기를 심어줍니다.
- 비 : 비난하기 보다는 이해를!
- 비 : 비판하기 보다는 협조를!
- 불 : 불평하기 보다는 칭찬을!

### POINT

**인생의 무대 :**
- 인생을 여행하는 데에 나침반만 필요한 것은 아니다. 튼튼한 몸과 굳건한 마음이야 기본이고, 물 담는 수통과 컵도 있어야 하고, 햇빛을 가려줄 모자, 식량과 옷가지를 넣을 배낭, 튼튼한 신발, 지팡이, 수첩과 펜 등도 준비해야 한다. 어디를 향해서 어떻게 걸어야 할지, 무엇을 보아야 하고 여행지에서 어떻게 자신을 꾸려나가야 하는지도 알아야 한다.
- 인생을 제대로 살아가기란 정말 쉽지가 않다. 인생을 제대로 사는 노하우야말로 그 어떤 지식보다도 필요한 것이지만, 이렇게 변화무쌍한 현대 사회에 딱 맞는 노하우가 쉽게 있을 리 없다. 무엇보다 제대로 가르쳐줄 사람 또한 만나기 어렵다. 지식이 많거나 돈이 아무리 많다고 해도 그것을 활용해서 행복해질 수 있는 노하우가 없어 오히려 그로 해서 불행해진다면 무슨 소용일까.

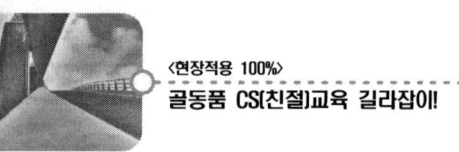

## 3 결론

- 프랑스 시인 쉴리 프뤼돔은 "인간은 하늘을 나는 새를 동경하면서도 정작 스스로가 비상하려는 대담한 의지를 발휘하는 데는 머뭇거린다"고 설파했다.
- 성공이란 과연 무엇일까? 미국의 사상가 랄프 왈도 에머슨은 성공을 다음과 같이 말했다.
- "성공이란.. 자주 많이 웃는 것,. 현명한 이들에게서 존경을 받고 아이들로부터는 사랑을 받는 것. 정직한 비평에 감사하고 친구의 배반을 참아내는 것. 아름다운 것이 무엇인지 알고 다른 사람이 갖고 있는 좋은 점을 찾아내는 것. 건강한 아이를 낳고, 작은 정원을 만들고 보다 나은 사회 환경을 만드는 것과 같이 세상을 조금이라도 더 살기 좋은 곳으로 남기고 떠나는 것. 내가 한때 이곳에 살았음으로 해서 단 한사람의 인생이라도 행복해지는 것.
- 이것이 진정한 행복이다."
- "일과 사람 중 어느 쪽이 더 어렵습니까?" 하고 물으면 대부분의 사람들이 사람이 훨씬 더 힘들다고 한다. 그 이유는 무엇일까? 일을 잘 하기 위해서 전문적인 지식과 기술을 습득하는데 많은 노력을 기울이지만, 상대적으로 인간관계를 위해서는 특별히 노력을 하거나 훈련을 받지 않기 때문이다. 일을 잘하는 사람을 전문가라고 한다. 그러나 리더는 전문가와 다르다. 리더는 여러 사람의 자발적인 협력을 얻어 성과를 창출한다. 즉 리더십을 발휘하기 위해서는 일을 잘하는 것은 물론이고 사람에 대해서도 잘 알아야 한다. 즉 인간관계 스킬을 익혀야 한다. 인간관계 스킬은 자신의 감정을 다스리는 일, 자신의 생각과 감정을 남에게 효과적으로 나타내는 일, 다른 사람의 이야기를 경청하는 일, 상대의 감정이나 생각을 이해하고 헤아려 주는 일, 다른 사람과 갈등이 생겼을 때 효과적으로 갈등을 해결하는 일 등이 모두 포함된다.
- 인간의 마음은 낙하산과 같아서 펼쳐지지 않으면 쓸 수가 없다.
- 그리고 사람의 마음을 변화시키는 것은 사람의 마음뿐이다.

# Ⅵ-5. 우호적인 인간관계 – 미인대칭 풀이

## 1 서론

- '선생님 존경합니다.' 하는 눈으로 파트너를 쳐다보면서 3초간 멋진 미소를 선물하십시오.'
- 기분 좋을 때 기분 좋게 행동하는 것은 누구나 할 수 있다.
- 기분이 좋지 않을 때도 자신의 감정을 조절해서 상대방을 기분 좋게 하는 것.

## 2 본론 :

- [미] : 도산 안창호 선생은 '화기있고 온기있는 민족'을 그리워했다. 사람들이 서로 미워하고 가족처럼 존중하는 따뜻한 분위기가 부족한 것을 안타까워 했다. "왜 우리 사회는 차오? 훈훈한 기운이 없소? 서로 사랑하는 마음으로 빙그레 웃는 세상을 만들어야 하겠소" 미소를 지어라..미소를 나누어라..
  당신은 행복하고 의미 있는 인생을 살게 되고 세상도 당신을 향해 웃게 된다.(땡큐!)

- [인] : 여의도에 살 때 아파트 8층에서 살았다.
  12층짜리 아파트였는데 10층에 중학교 3학년 학생이 살고 있었다.
  어느 날 출근길에 엘리베이터에서 한 학생을 만났다. 초면이었는데도 그 학생은 "안녕하세요?"하면서 90도로 허리를 굽히고 반갑게 인사를 하는 것이 아닌가? 나는 "어, 안녕" 하고 그냥 서 있었다.
  엘리베이터가 1층에 도착해 문이 열렸다. 내가 문을 나서려니까 그 학생은 또 큰소리로 "안녕히 가세요." 하고 깍듯이 인사를 했다. 나는 그 학생의 인사를 받으면서 마음이 환히 펴지는 것을 느꼈다.
  '요즘도 저렇게 인사성이 좋은 학생이 있다니.'
  그 후 엘리베이터에서 다시 만난 학생은 "안녕하세요"하고 더욱 공손하면서 밝게 인사를 했다. 나는 "학생 몇 학년이야? 몇 층에 살지? 하면서 한 두 가지 질문을 했다. 밝게 대답하는 그 학생을 보면서 참 여러 가지 생각을 하게 되었다.
  '부모님께서 참 교육을 잘 시키셨다. 우리 아이도 저렇게 인사성이 밝아야 할 텐데.
  그 후부터 나는 기도를 할 때 가끔은 그 아이를 위해서 기도를 하곤 했다.

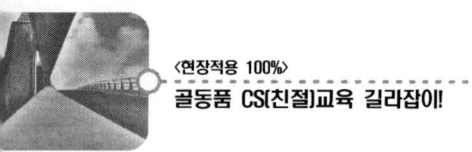

**〈현장적용 100%〉**
**골동품 CS(친절)교육 길라잡이!**

인사는 이렇게 모든 사람들의 마음의 문을 열게 만드는 것이다.

미소를 지으면서 힘차게 인사하라. 아침부터 엔도르핀이 솟아나기 시작한다.

자연히 신나는 분위기가 형성된다.

미소 짓는 것이 어색하면 거울을 보면서 연습을 해라.

어느 정도 자연스럽게 인사할 수 있을 때까지 반복해서 노력해라.

의식적으로 인사를 해라. 얼마 지나지 않아 무의식적으로 반갑게 인사하는 자신을 발견하게 될 것이다.

- [대] : 인간관계는 어떻게 이루어지는가? 바로 대화에서부터 시작된다.
  - 대화가 막히면 인간관계가 단절된다.
  - 서먹서먹해지고 신뢰관계에 금이 간다. 대화는 흐르는 물과 같다.
  - 사람과 사람 사이에 흘러서 그 관계를 늘 새롭게 한다.
  - 대화가 막히거나 없어지면 어떻게 될까? 흐르던 감정의 교류와 정보가 고여서 웅덩이로 남는다.
  - 관계가 정체되는 것이다.
  - 시간이 지나면 이 고인 물은 부패하기 시작한다. 썩는 냄새가 나기 시작한다.
  - 부패하는 냄새를 없애기 위해 향수를 뿌리면 어떻게 될까? 더욱 역한 냄새가 난다.
  - 악취가 서서히 퍼지고 조직은 썩기 시작한다.
  - 막힌 대화를 풀지 않고 향수를 뿌려서는 냄새를 없애지도 못하고 썩는 것을 막지도 못한다.
  - 가끔 부부싸움을 하는데 한번 싸우고 나면 김 사장은 일주일이 넘어도 부인과 이야기를 안한다고 한다.

    이 소리를 들은 정 사장은 자신이 부부싸움을 하고 나면 2주일이고 3주일이고 간에 절대로 먼저 이야기를 하지 않는다고 했다. 왜 그러냐고 물으니까 "남자가 자존심이 있지, 어떻게 먼저 이야기를 합니까?" 라고 대답한다.

    냄새가 나는데 냄새를 맡으면서 끝까지 견디는 것이 자존심인가, 아니면 빨리 화해를 하고 냄새를 없애는 것이 자존심인가? 먼저 다가가서 대화를 하는 것이 자존심이고 리더십이다. 용기를 가지고 막힌 부분을 뚫는 것이 바로 리더십이다.

- [칭] : 세상을 살아가면서 사람들이 가장 원하는 것은 무엇일까?

  기본적인 의식주 문제, 사랑, 종교 등 여러 가지가 있을 것이다.

  이 중에서도 사람들은 건강과 '다른 사람들로부터 인정받는 것'에 가장 관심이 있다.

Part VI. 우호적인 인간 관계 향상 편

그런데 다른 사람들을 인정하거나 다른 사람들에게 인정받는 일은 왜 그리 어려운 걸까?
여러분은 지금까지 살아오면서 어떤 말을 들었을 때 가장 기분이 좋았는가?
"일 참 잘했군, 자네 정말 대단해!"
혹은 "어떻게 이렇게 일을 잘 처리했지?" 라고 칭찬을 받았을 때인가? 그렇다.
백이면 백 모두 칭찬을 받았을 때일 것이다. 누군가에게 어떤 일을 잘하게 하려면 스스로 일을 하고 싶도록 만드는 것 외에 다른 방법이 없다.
'좀 더 잘해야 되겠다!' 라는 마음 없이 일을 잘 할 수 있는 비결은 없다.

> 예 사촌형이 한 선배의 결혼식장에서 들은 신랑신부의 소설 같은 이야기와 잊을 수 없는 주례 선생님의 주례사를 들려주었다. 형의 말에 의하면, 선배가 결혼에 이르기까지는 마치 한 편의 연애소설을 방불케 할 정도로 사연이 많았다고 한다. 선배 집안의 반대가 엄청났기 때문이다. 하지만 신부는 선녀처럼 아름다웠다. 반대할 이유가 전혀 없어 보였다.

신랑 신부가 입장하고 곧이어 머리카락이 몇 올 남지 않은 주례 선생님이 들어왔다.
때마침 선생님의 머리는 불빛을 받아 잘 닦아 놓은 자개장처럼 번쩍이고 있었다.
선생님은 주례사를 시작했다.
"광나는 말은 아끼지 마세요. 검은 머리가 파뿌리가 될 때까지 서로 사랑하는 것도 좋지만, 검은 머리가 저처럼 대머리가 될 때까지 변함없이 서로 사랑하는 것도 좋습니다."
식장 안 여기저기서 폭소가 터져 나왔다.
이어지는 주례사는 신랑신부와 하객들에게 재차 웃음을 던져주었다.
"제 대머리를 딱 한자로 표현하면 빛 광, 즉 광(光) 이라고 할 수 있지요.
신랑신부가 백년해로 하려면 광나는 말을 아끼지 말고 해주어야 합니다.
세상에서 가장 무서운 것은 인간의 세 치 혀입니다."
하객들은 어느새 모두 진지한 눈빛으로 선생님의 말씀을 듣고 있었다.
"가까운 사이일수록 예의를 지키라는, 빛 광 같은 말이 있습니다.
아무리 부부라고 해도 말을 함부로 해서는 안 됩니다.
그러나 '여보, 사랑해. 당신이 최고야!' 라는 광나는 말은 검은 머리가 대머리가 될 때까지 계속해도 좋은 겁니다.

### 3 결론

- 우리나라의 고유 풍속 놀이인 널뛰기를 해보았는가. 내가 날아오르려면 체중에 있는 힘을 싣고 한껏 발을 굴러 상대방을 먼저 띄워야 한다. 뛰어오른 상대방도 더 강하게 나를 띄워주

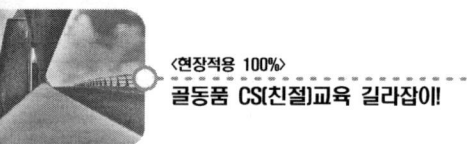

어야 다음에 자기 차례가 되었을 때 더 높이 오를 수 있다는 것을 알고 있을 것이다.
- 이처럼 우리 고유 풍속인 널뛰기는 '**서로를 위하는 것이 곧 자신을 위한 것**'이라는 원리를 가르쳐 준다. 인간관계도 이 널뛰기와 같다.
- 자신이 상대방을 존중해주면 상대방 또한 나를 존중해주게 되어있다.

## Ⅵ-6. 우호적인 인간관계

### 1 서론

우리 인간에게 관심을 가장 많이 표현하는 동물을 찾는다면 어떤 동물일까?
말처럼 사람을 태우고 달리지도 않고 소처럼 밭에서 일을 하지도 않지만 인간에게 쏟는 그 끝없는 관심 때문에 이 동물은 세상의 어느 동물도 얻지 못하는 호강을 누리고 있다.
그 동물은 바로 '개'다.
밖에서 돌아왔을 때 제일 먼저 반갑게 맞이하는 강아지.
꼬리를 살랑살랑 흔들며 쏜살같이 품속으로 파고드는 강아지를 안았을 때의 그 기분은 안아본 사람만이 알 수 있을 것이다. 설령 밖에서 안 좋은 일이 있는 날에 "저리가! 이 녀석아! 오늘은 기분이 나쁘단 말이야! 하고 말하며 발로 걷어찬다 해도 개는 주인을 배신하거나 그에 대해 앙갚음을 하지 않는다.
오히려 이리저리 상처받은 속상한 마음을 풀어주듯 꼬리를 흔든다.
많은 사람들이 개를 사랑하고 좋아하는 이유는 바로 주인에게 끝까지 충직하고 변함없는 관심을 보이는 개의 속성 때문일 것이다. 이렇듯 비록 말도 하지 못하는 미물이지만 우리에게 순수한 관심을 보인다는 이유로 개는 많은 사람의 사랑을 한 몸에 받고 있다.

### 2 본론

우리가 전화 통화를 할 때 가장 많이 사용하는 단어는 어떤 것일까? 다른 사람한테 전화를 걸거나 또 전화를 받을 때 어떤 말을 가장 많이 사용할까?
미국의 한 전화 회사에서 실시한 조사 결과에 따르면, '나', '나는' '내가' '나의' '나로 말하면'

등 '나' 라는 말을 가장 많이 한다고 한다. 사람은 이 세상 그 어느 누구보다도 자신에 대한 관심이 가장 크기 때문이다. 따라서 자기에게 관심을 보이는 사람을 우리는 제일 좋아한다. 야유회나 등산을 가면 단체사진을 찍는다. 사진이 나오면 누구를 가장 먼저 찾아볼까? 바로 자기 자신일 것이다. "난 어디 있지? 아! 여기 있구나!"
누구든 자기의 모습을 가장 먼저 찾아본다.
이처럼 모든 사람들은 자기 자신에 대해서 가장 큰 관심을 갖는다. 따라서 우리가 다른 사람에 대해서 조금만 관심을 보이면 의도적으로 친구를 사귀려는 그 어떤 노력보다 훨씬 쉽게 친구를 만들 수 있다.

## 3 결론

상대방에게 감동을 주기 위해서는 우선 상대방의 입장에서 그들이 진정으로 원하는 것이 무엇인지, 상대의 '바람(want)'을 탐색해야 한다. 그 사람이 원하는 것을 정확히 알고 나면 나와 상대를 모두 만족시킬 수 있는 해결방안이 나올 수 있다.
해결 방안의 가장 기본이면서도 필수적인 요소가 바로 '이해'이다.
이해가 없는 곳에 사람과 사람의 진실한 교류는 있을 수 없다.
이해가 없으면 서로 무관심해지고 쉽게 싸우게 되며 쉽게 이별하기 시작된다.
만약 사람들과 손을 잡고 무엇인가 일을 하고 싶다면 무엇보다 먼저 타인을 이해하는 자세를 지녀야 한다.
1994년, 자신의 친 아버지를 살해했던 박한상 사건을 아직 기억하는 사람이 많을 것이다. 어떻게 그런 일이 일어날 수 있냐며 사람들은 한동안 허탈해했다. 그러나 그가 한 말은 또 한번의 충격을 던져 주었다. "아버지는 나에게 따뜻한 말 한마디 안 해주셨습니다. 나는 항상 비난만 받고 살아왔습니다. 아버지는 나를 이해하지 않으셨습니다. 아니 이해하려 들지도 않으셨습니다." 한 심리학자는 이렇게 말한다.
"인간이 타인의 이해를 구하는 것은 꽃이 태양의 빛을 필요로 하는 것과 같다."
이해하는 것! 이것은 무척이나 중요하다. 사람들은 누구나 이해받고 싶어한다.
진정한 리더가 되고 싶다면 우선 자신이 속해 있는 조직이나 팀의 구성원들이 어떤 생각을 하고 있는지, 어떤 바람을 갖고 있는지를 알고 이를 이해하는 일이 최우선이다.

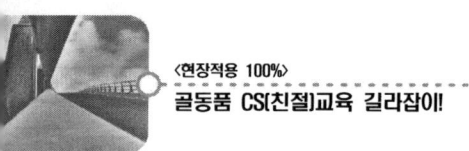

## Ⅵ-7. 우호적인 인간관계 편

### 우호적인 인간관계 형성/ 열렬한 협력을 얻어내는 법
### - 데일 카네기 인간관계론 발췌 -

※ 목적 : 개인적인 생활이나 사회생활에서 영향력을 발휘하려면 보다 우호적인 인간관계를 형성하고 유지하는 것이 그 무엇보다 중요하다. 인간관계원칙 적용결과를 함께 공유하고, 협력을 얻어내는 원리를 이용하여 상대방으로부터 협력을 얻어내기 위한 계획을 세움으로써 보다 우호적인 인간관계를 형성하게 된다.

### 1 우호적인 인간관계 형성

- 보다 진지하고 솔직한 자세로 상대방을 대한다.
- 지속적인 인간관계원칙의 적용이 우호적인 인간관계형성에 어떤 영향을 미치는지 살펴본다.
- 호적인 인간관계형성이 비전달성에 어떤 영향을 미치는지 살펴본다.

### 2 열렬한 협력을 얻어내는 법

- 상대방으로부터 열렬한 협력을 얻어내는 법을 익힌다.
- 우호적인 인간관계를 형성할 수 있는 기회를 인식한다.
- WIN-WIN하는 인간관계 형성법을 익힌다.
- 어떤 성취를 얻으려면 인간관계가 중요하다.

### 3 우호적인 인간관계 형성

- 인간관계원칙을 적용한 사례에 관해 2분 발표를 한다.
- 직장을 떠나는 80% 이유? 인간관계가 힘들어서.
- **발표)** 지난 3주 동안 인간관계원칙을 의식적으로 적용했을 때 일어난 구체적인 사례에 관해 2분 발표를 한다.
- 실천 대상과의 인간관계가 얼마나 향상되었는지, 그로 인해 어떤 결과가 있었는지 구체적으로 이야기한다.

- 이러한 발표들은 우리가 어떻게 인간관계를 향상시킬 수 있는지 보여준다.
- 보다 효과적으로 전달하려면 발표할 때, 마술의 공식을 적용하라. 궁극적인 목적은 좀 친근한 사람이 됨으로써 우호적인 대인관계를 형성하는데 있다.

  예 나한테 가장 기뻤던 일 – 나한테 가장 불쾌했던 일 : 공통점 = 사람과 연관이 되어있다.

## B. 협력을 얻어내기 위한 원칙 : 자신의 의도대로 사람들을 설득 하는 법

10. 논쟁에서 최선의 결과를 얻을수있는 유일한방법은 그것을 피하는 것이다.

11. 상대방의 견해를 존중하라. 결코 "당신이 틀렸다"고 말하지말라.

12. 잘못했으면 즉시 분명한 태도로 그것을 인정하라.

13. 우호적인 태도로 말을 시작하라.

14. 상대방이 당신의 말에 즉각 "네, 네" 라고 대답하게 하라.

15. 상대방으로 하여금 많은 이야기를 하게 하라.

16. 상대방으로 하여금 그 아이디어가 바로 자신의 것이라고 느끼게 하라.

17. 상대방의 관점에서 사물을 볼 수 있도록 성실히 노력하라.

18. 상대방의 생각이나 욕구에 공감하라.

19. 보다 고매한 동기에 호소하라.

20. 당신의 생각을 극적으로 표현하라.

21. 도전 의욕을 불러 일으켜라.

# Ⅵ-8. 우호적인 인간관계 편

### 〈 인생의 소중한 보물 : 내 안의 열정, 힘을 주는 칭찬 〉
### - 데일 카네기 인간관계론 발췌 -

사람들과 사귀다 보면, 너무 바빠서 혹은 미처 신경을 쓰지 못해서 주위 사람들에게 마음에서 우러나는 칭찬을 해주지 못하는 경우가 종종 있다. 타인의 장점을 발견하려면 의식적으로 많은 노력을 기울여야 한다.

열정은 자동차의 엔진처럼 우리로 하여금 혁신적인 목표를 달성할 수 있도록 힘을 불어넣어 준다. 또한 우리 스스로 자신에 대해 기대하고 있는 수준보다 훨씬 더 많은 것을 가능하게 한다.

마찬가지로, 비전을 달성하기 위해서는 주도적으로 우리의 열정을 증진시키는 것이 무척 중요하다.

* 토의내용 : 열정이란 무엇인가? 열정을 끓어 올릴려면 필요한 부분? 동기부여, 체력, 비젼계획
* 결심(지금과 다르게) – 펩톡(자기암시글, 격려말) – 실천(액션)을 취한다.
* 칭찬의 효과 : 살아갈수록 칭찬을 베풀고 살자!


* 폴 발레르(프랑스철학자) : 그대가 용기를 내어 생각하는 데로 살지 않으면 뭐지 않아 그대는 사는 데로 생각할 것이다.
* 삼성 이건희 회장의 칭찬론
* 2급 조련사는 채찍을 쓴다.
* 1급 조련사는 채찍 및 당근을 쓴다.
* 특급 조련사는 칭찬을 쓴다(칭찬거리를 찾는다).


* 힘을 주는 칭찬 : 칭찬은 귀로 먹는 보약이다. 돈을 들이지 않고 할 수 있는 최고의 선물.
* 칭찬할 때 : 일어서서(1 : 1) 고맙습니다. 절대 안되는 부분 : "선생님, 사람 잘못 봤습니다"
* 칭찬을 할 때는 구체적으로 그 사람의 어떤 성격, 자질이 칭찬 받을 만한지, 그것을 뒷받침 할 수 있는 증거는 어떤 것이 있었는지에 대해 언급한다.
  (윌리엄 제임스 : 칭찬 받기를 갈망하는 욕망은 인간의 가장 심오한 본성이다.)

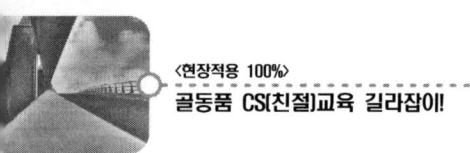

(중국 속담 : 장미를 전해준 사람의 손에는 항상 향기로운 장미향이 난다.)
- 일상생활에서 우리는 주변 사람들의 장점을 발견할 기회가 많다.
- 그러나 정작 발견한 장점을 당사자에게 얘기하지는 않는다. 혹 다른 뜻으로 해석될지도 모른다고 염려하기 때문이다. 다른 사람의 장점에 대해 진심으로 칭찬하고 인정해 주는 것은 우호적인 인간관계를 형성하는데 큰 도움이 된다.

- 인생에서 성공하는 주요인 중 한 가지는 일상의 업무에서 매일 한 가지씩 관심분야를 발견하고 변하지 않는 열정을 유지하는 능력이다.
- 죽을 때 자녀들에게 열정을 물려 줄 수만 있다면, 이 세상 그 어떤 것과도 바꿀 수 없는 가치 있는 재산을 남겨주는 것이다. -토마스 에디슨-

## Ⅵ-9. 우호적인 인간관계 편

〈 인생의 큰 자산 : 인맥 〉
- 데일 카네기 인간관계론 발췌 -

인간관계 원칙 : 어떤 성취를 얻을려면 인간관계가 중요하다.

1. 비난이나 비판, 불평하지 말라. -집비둘기와 같다. 반드시 내 집으로 돌아 온다.

2. 솔직하고 진지하게 칭찬과 감사를 하라.

3. 다른 사람들의 열렬한 욕구를 불러 일으켜라.

4. 다른 사람들에게 순수한 관심을 기울여라.

5. 미소를 지어라.

6. 이름을 잘 기억하라.

7. 경청하라.

8. 상대방의 관심사에 대해 이야기하라.

9. 상대방으로 하여금 중요하다는 느낌이 들게 하라. 단, 성실한 태도로..

(실습) 위 원칙 중에 가장 자신 있게 지킬 수 있는 것 하나?

> 친절한 말 한마디는 그리 길지도 않고 말하기도 어려운 것이 아니지만
> 그 메아리의 여운은 끝없이 울려 퍼진다.

## Ⅵ-10. 우호적인 인간관계 편

### 〈 리더십 개발, 타인을 감동시키는 법 〉
### - 데일 카네기 교육 발췌 -

**1 리더십 개발**

- 사람들과 사귀다 보면, 그들의 태도나 행동에 영향을 미칠 수 있는 특별한 기회가 생기곤 한다.
- 뛰어난 리더는 마음으로부터 이야기하기 때문에 상대방에게 영감을 주고, 행동하게 된다.

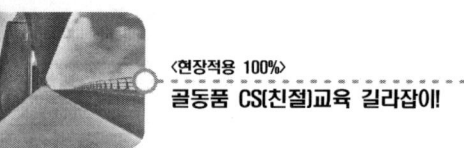

〈현장적용 100%〉
**골동품 CS(친절)교육 길라잡이!**

다른 사람의 태도나 행동에 긍정적인 영향을 미치기 위해서는 그 사람 자체 뿐 아니라, 그 사람의 꿈이나 비전에 대해서 까지도 순수한 관심을 가지고 지켜봐야 한다. 종종 다른 사람의 꿈이나 비젼을 달성할 수 있도록 도와줌으로써 우리 자신의 꿈이나 비전까지 실현시킨다. 리더가 되라는 원칙은 상대방으로 하여금 불쾌감이나 적대감을 불러 일으키지 않고 그 사람의 태도나 행동을 변화시키도록 고안되었다. 사람들을 상대하는데 있어 가장 어려운 부분은 원하는 대로 일이 잘 풀리 않을 때이다. 동기를 부여하고 힘을 불어 넣어주는 "리더가 되라"는 원칙을 적용함으로써 다른 사람의 태도나 행동을 변화시킬 수 있다.

### 2 타인을 감동시키는 법

- 당신 스스로 크게 감동을 받았던 사건에 관해 2분 발표를 한다. 당신이 느꼈던 감정을 몰입히여 전달함으로써 청중의 마음을 감동시켜라. 구체적으로 어떤 일이 있었으며, 이 일이 당신의 삶에 어떤 영향을 끼쳤는지 발표한다.
- 발표 마무리는 당신이 얻은 교훈과 그 교훈을 따름으로써 우리가 얻게 되는 이익에 관해 언급한다.
- 당신이 진심으로 감동을 받은 주제를 선택해야만, 그 당시 당신이 느꼈던 감정을 청중에게 그대로 전달할 수 있다.
- 당신 스스로 느끼고 감동 받은 일을 청중과 함께 공유함으로써 청중의 심금을 울려서 그들을 감동시킨다.
- 비결은 올바른 주제를 선택하여 청중이 당신의 이야기에 귀를 기울이도록 만드는 것이다.
- 당신을 무척 행복하게 혹은 슬프게 만들었던 일에 관해 이야기하라.
- 두려움이나 공포, 불안 또는 극도의 분노에 휩싸이게 했던 일이나 아름다운 사랑, 우정, 헌신과 관련된 이야기를 해도 좋다. 그러한 주제라면 틀림없이 당신의 감정을 분출시킬 것이다. 너무 많은 이야기를 전달하려고 하지 마라.
- 감동을 전달하는 데에만 집중하라.


- 감동받은 사례 :
- 행동 : 어머님의 사랑과 배려에 감사하시고 표현하십시오..
- 이익 : 그러면 고부간의 갈등을 없앨 수 있습니다.

## 리더가 되라(태도와 행동을 변화시키는 법)

22. 칭찬과 감사의 말로 시작하라.

23. 잘못을 간접적으로 알게 하라.

24. 상대방을 비평하기 전에 자신의 잘못을 인정하라.

25. 직접적으로 명령하지 말고 요청하라.

26. 상대방의 체면을 세워 주어라.

27. 아주 작은 진전에도 칭찬을 아끼지 마라.

    또한 진전이 있을 때마다 칭찬을 하라.

    "동의는 진심으로, 칭찬은 아낌없이" 하라.

28. 상대방에게 훌륭한 명성을 갖도록 해 주어라.

29. 격려해 주어라.

    잘못은 쉽게 고칠수 있도록 느끼게 하라.

30. 당신이 제안하는 것을 상대방이 기꺼이 하도록 만들어라.

## Ⅵ-11. 우리 삶에 있어서 가장 소중한 자산 – 비젼, 인간관계

- 스팟 : 할머니/ 할아버지가 퀴즈 대회를 나갔는데? 정답 : (천생연분)(평생왠수)
- 비행기 접기 – 고민(비전), 계획 – 앞에다 날려 – 눈을 떠 : 아무종이나 잡은 사람이 내 마니또

- (2분 발표) 비전을 이야기 하면서 자신 및 타인에게 영감을 준다.

- 공통의 관심사와 도전을 함께 공유한다. 서로 돕고 동기를 부여하는 분위기를 경험한다.
- 용기개발 – 지금부터 3개월이나 6개월 후 당신이 설정한 혁신적인 목표가 달성되었을 때 당신의 삶이 어떻게 달라질지에 관한 2분 발표

- 한 사람이 말할 때 듣기 좋은 시간 : ?
- 자기 자신에 대해 이야기 할 때는 생각보다 그리 어렵지 않아서 제 2의 천성이라고 한다.

- 외치기(사례) : 나는 할 수 있다.(×3)
- 아는 것이 힘이다 → 하는 것이 힘이다.
- 가능과 불가능의 차이점 : Impossible – I'm possible
  - 예) 빌게이츠 비젼 : 세계의 모든 가정위에 컴퓨터를 한 대씩 만들어 놓겠다.
- 성공하기 위해서는
  ① 나의 구체적인 목표 설정
  ② 글로 쓰고
  ③ 많은 사람들에게 말로해라.
- 하버드 대학 총장을 지냈던 로렌스 로웰 박사는 다음과 같이 말했다.
- "인간의 마음을 훈련시킬 수 있는 것은 오직 한가지, 자발적인 의지 뿐이다. 당신은 누군가를 도와주고 이끌어 주고 아이디어를 제안함으로써 그 사람을 고무시킬 수 있을지 모른다. 그러나 진정 가치 있는 것은 그 사람 자신이 스스로의 노력으로 이룩한 것 뿐이다. 즉, 어떤 일의 성과는 그 일에 기울이는 노력에 정비례한다. 성공하고자 하는 당신의 결심보다 더 중요한 것은 없다는 사실을 늘 명심하라.

- 세상에서 가장 어려운 일은? 사람이 사람의 마음을 얻는일( 생텍쥐베리의 어린왕자)
- (성공요소) 전문적 지식 : 15% , 인간관계능력 : 85%(어떤 성취를 얻을려면 인간관계가 중요하다.)

- 결론 : 악수게임
  －여기 오신 분들에게 인사하세요..내가 먼저 다가가시 않으면 안되는게 원직.

- 진행자에게는 악수하러 아무도 오지 않았을 때 재차 사회자에게 악수하는 것으로 마무리.

# Ⅵ-12. 대인관계 개선 방안

## 1 교류분석의 개념

- 교류분석은 에릭 번(Eric Berne, 1910~1970) 미국 정신과의사에 의해 제창된 인간행동에 관한 이론 체계이며, 교류분석(Transactional Analysis)이란 상호반응하고 있는 인간 사이에 이루어지고 있는 교류(흐름)를 분석하는 것을 말한다.

### 1) 자아상태

- 교류분석에서는 인간은 모두 3가지의 나를 가지고 있는 것.
- 3가지의 자아상태 :
  ㉠ 부모의 자아상태(Parent)
  ㉡ 어른의 자아상태(Adult)
  ㉢ 어린이의 자아상태(Child)

### 2) 자아상태 기능분석(그림)

3) 자아상태의 양면성

| 부정적측면 NOT-OK | | 긍정적측면 OK |
|---|---|---|
| • 권위적, 강압적 | | 도덕, 전통유지 |
| • 독선적, 지배적 | CP | 규범, 이상추구 |
| • 편견, 선입견 | | 신념, 선악의 판단 |
| | | |
| • 과보호, 과간섭 | | 보호, 육성 |
| • 맹목적인 애정 | NP | 친절, 지지 |
| • 잔소리, 희생적 | | 타인의 이해 |
| | | |
| • 인간미 | | 이론적, 합리적 |
| • 계산적, 타산적 | A | 객관적, 현실지향 |
| • 냉정, 기계적 | | p, c를 조정, 통제 |
| | | |
| • 반항, 공격적 | | 애정표현이 풍부 |
| • 자유방종, 자기중심 | FC | 자발적, 행동적 |
| • 충동적, 공포심 | | 호기심이 강함 |
| | | |
| • 우물쭈물 지연 | | 감정통제 |
| • 폐쇄적, 자폐 | AC | 적응, 타협 |
| • 과민, 의존적 | | 겸손, 양보 |

## 4) 자아상태 진단 (○ : 2 점, △ : 1 점, × : 0 점)

| 번호 | 항목 |  |  |  |  |  |
|---|---|---|---|---|---|---|
| 1 | 자기의 손익을 생각하고 행동하는 편이다. | | | | | |
| 2 | 자신을 자유롭게 행동하는 사람이라고 생각한다. | | | | | |
| 3 | 남의 말을 가로막고 자기 생각을 말하는 일이 많다. | | | | | |
| 4 | 생각하고 있는 바를 말하지 못하는 성질이다. | | | | | |
| 5 | 다른 사람을 엄하게 비판하는 편이다. | | | | | |
| 6 | 다른 사람에 대해 헤아려 주는 바가 강하다. | | | | | |
| 7 | 상대방의 좋은 점을 잘 알아차리는 편이다. | | | | | |
| 8 | 대화 중에 감정적이 되는 일이 적다. | | | | | |
| 9 | 호기심이 강한 편이다. | | | | | |
| 10 | 시간이나 금전에 대한 약속을 소홀히 하는 것을 싫어한다. | | | | | |
| 11 | 사람들로부터 좋은 인상을 받고 싶어한다. | | | | | |
| 12 | 남이 부탁하면 거절 못하는 편이다. | | | | | |
| 13 | 양보심이 많으며 적극적이지도 못하다. | | | | | |
| 14 | 사회의 규칙, 윤리, 도덕 등을 중시한다. | | | | | |
| 15 | 사물을 분석적으로 깊게 생각한 다음에 결정한다. | | | | | |
| 16 | 싫은 일은 이유를 붙여 뒤로 미루는 경향이 있다. | | | | | |
| 17 | 아이들이나 남의 일을 돌보아 주는 것을 좋아한다. | | | | | |
| 18 | 자기 생각을 주장하기보다는 타협하는 일이 많다. | | | | | |
| 19 | 감정보다는 이성적인 편이다. | | | | | |
| 20 | 예절이나 규범에 까다로운 편이다. | | | | | |
| 21 | 의견이 서로 다를 때는 양쪽 의견을 다 듣고 결정한다. | | | | | |
| 22 | 오락, 음식 등을 만족할 때까지 찾는 편이다. | | | | | |
| 23 | 책임감을 남에게 강하게 요구한다. | | | | | |
| 24 | 남에 대해 융통성있는 편이다. | | | | | |
| 25 | 남의 안색이나 말에 신경을 쓰게 된다. | | | | | |
| 26 | 괴로울 때는 참는 편이다. | | | | | |
| 27 | "해야 한다. 하지 않으면 안된다." 는 말을 자주 쓴다. | | | | | |
| 28 | 말하고자 하는 것을 서슴없이 말해 버리는 편이다. | | | | | |
| 29 | 작은 잘못이라도 흐지부지 지나치지 않는 편이다. | | | | | |
| 30 | 남의 기대에 어긋나지 않도록 노력을 많이 한다. | | | | | |
| 31 | 자기 감정을 억누르는 편이다. | | | | | |
| 32 | 원하는 것을 손에 넣지 않으면 못배기는 편이다. | | | | | |
| 33 | 무슨 일이나 사실에 입각해서 판단한다. | | | | | |
| 34 | "야 멋있다. 와" 등 감탄사를 자주 쓴다. | | | | | |
| 35 | 자신이 없고 열등감을 느낄 때가 많다. | | | | | |
| 36 | 여러 가지 책을 많이 읽는 편이다. | | | | | |
| 37 | 농담을 잘하는 편이다. | | | | | |
| 38 | 화내는 일이 많은 편이다. | | | | | |

| 번호 | 문항 | | | | | |
|---|---|---|---|---|---|---|
| 39 | 좋다. 나쁘다를 분명하게 말한다. | | | | | |
| 40 | 앞으로의 일을 냉정하게 생각하고 행동한다. | | | | | |
| 41 | 잘 모르는 것은 질문이나 상의해서 처리한다. | | | | | |
| 42 | 아이들이나 부하의 잘못에 대해 관대하다. | | | | | |
| 43 | 상대방의 말에 귀를 기울여 공감하는 편이다. | | | | | |
| 44 | 아이들이나 부하를 엄격히 교육시킨다. | | | | | |
| 45 | 흥에 취하면 도가 지나치는 행동을 할 때가 있다. | | | | | |
| 46 | 길을 물으면 친절히 가르쳐 준다. | | | | | |
| 47 | 감정이 풍부하고 눈물이 많은 편이다. | | | | | |
| 48 | 친구나 가족들에게 무엇이든 사주는 것을 좋아한다. | | | | | |
| 49 | 몸이 좋지 않을 때는 자중해서 무리를 피한다. | | | | | |
| 50 | 동정심이 많다고 생각한다. | | | | | |
| 계 | | | | | | |

## 5) 마음 그래프

|  | 지배적 | 헌신적 | 현실적 | 개방적 | 의존적 |  |
|---|---|---|---|---|---|---|
| 0 | 관용적<br>CP | 방임적<br>NP | 즉흥적<br>A | 폐쇄적<br>FC | 독단적<br>AC | 0 |

## 6) Egogram 읽는 법

| 높으면 | 자아 상태 | 낮으면 |
|---|---|---|
| • 높아질수록 양심적, 권위적, 책임감, 정의감, 선악감, 도덕관이나 이상을 찾는 등의 특징이 강해진다.<br>• 극단적으로는 높을 때는 편견에 의한 평가가 비판을 하거나 자기 주장을 강요하는 수가 많아진다. 그래서 상대방의 기분이나 감정을 받아들이지 않는 경우가 많다. 상대방은 표면상 납득한 듯 하지만 실은 위축되어 말을 하지 않게 되고 본심을 감추면서 견디기가 힘들어 어느 시기에는 반발하게 된다. | CP | • 좋게 말하면 관용적, 나쁘게 말하면 소신이 없고 지조가 없다고 할 수도 있을 것이다. 사회생활의 룰, 도덕, 가치관을 아이들이나 부하는 당신으로부터 배울 수 없기 때문에 일관된 생활 태도를 유지하지 못하고 때로는 당신을 적당주의라고 공격할 때도 있다. |
| • 높으면 높을 수록 모성적인 풍성함을 보인다.<br>• 양육적, 보호적, 지지적, 헤아려줌, 돌보아주기, 동정, 부탁을 받으면 거절을 못하는 등의 특징이 강해진다. 극단적으로 높을 때는 과보호의 결과, 버릇없어도 묵인하게 되거나 너무 간섭을 해서 참견이 많다고 받아들인다. 이러한 것이 누적되면 모르는 사이에 의타심을 심어주게 되고 어린이나 부하의 자주성이나 자율성을 빼앗아 버리게 된다. 그래서 어느날 갑자기 이것을 싫어하는 사람들의 반항을 받게 된다. | NP | • 아이들이나 부하에 대해 쌀쌀하고 불안감을 준다.<br>• 상대방은 어딘지 위축되어 있고 사람의 안색을 살피게 될 것이다. 게다가 당신의 CP가 높을 경우는 폭발이나 여러 가지 심신증상이 나옴으로 아이들이나 부하에게는 중요한 의미를 갖는 것이다. |
| • 높아지면 높아질수록 합리적, 이성적, 능률적, 객관적이며 정직, 솔직, 결단 등의 특징이 강해진다.<br>• 가사나 일도 계획적으로 하는 현실지향형일 것이다. 어린이나 부하에 대해 기분으로 야단치기 보다는 잘 타이르는 태도로 한다. 그러므로 상대방도 자기와 같이 안정되고 사실추구적, 정보수집 지향적이 된다. 극단적으로 높을 때는 물질만능, 무감정, 자기중심적이 되어 남에게 차디찬 느낌을 주기도 한다. | A | • 아이들이나 부하를 돌보아줌이 서투르며 사실에 의거한 정확한 판단이나 지시가 부족하고 심리적으로 불안정하기 때문에 상대방은 불만을 가져 당신의 희망과는 반대방향으로 나가는 수가 있다.<br>• 그러한 결과 당신을 무시하거나 바보취급을 하는 사람도 나올 것이다. |
| • 자발적, 적극적, 상상적, 직감적, 공상을 좋아하며 희로애락의 감정을 솔직히 표현하며 상쾌한 생활감을 가지고 있다. 따라서 어린이나 부하는 함께 지내기를 좋아한다. 극단적으로 | FC | • 정신적으로는 위축되어 있어 하고 싶은 것도 못하고 아이나 부하는 활력이 적은 인간이 되어갈 가능성이 높다. 특히 당신이 AC가 높을 경우에는 자기 자신을 억압하고 있기 때 |

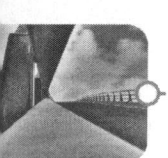
**골동품 CS(친절)교육 길라잡이!**

| 높으면 | 자아 상태 | 낮으면 |
|---|---|---|
| 높을때는 행동적, 자기중심적, 무책임과 같은 면이 강하게 나타나기 때문에 아이들을 자기 애완동물처럼 취급하거나 반대로 방임적이되는 수도 있어 아이들이나 부하는 당황해서 감상적으로 키워질지도 모른다. | | 문에 마음의 고민이나 조마조마함이 많아 사람에게 나쁜 영향을 줄 것이다. |
| • 순응, 타협, 감정억압 등의 특징을 가져 무리해서라도 상대방의 기대에 따르기 위해 자기가 희생되기를 꺼려하지 않는다. 타인의 눈이나 말에 신경을 쓰게 되어 걱정이 많고 불안감이 많아 신경질적인 태도를 보인다. 상대방이 하라는 대로 행동하여 결과적으로는 방임하는 태도가 되어 상대방이 제멋대로 되는 수가 있다. | AC | • 독신적인 면이 강하게 나타나 특히 FC가 높고 AC가 극단적으로 낮을 때는 자기중심이 되어 아이나 부하로부터 "제멋대로다" 라고 비판을 받을 것이다.<br>• 인간관계가 마음대로 잘 되지 않는 일이 많아지지 않을까? |

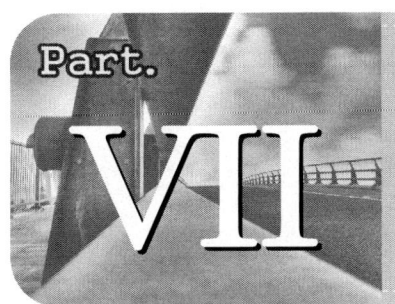

# Part. VII 서비스 강의의 실재

## Ⅶ-1. 강의의 실재 - 서비스 교육 프로그램 계획

| 구분 | | 내 용 |
|---|---|---|
| 서론 | | • 의료기관 서비스 교육 프로그램의 절차를 익힌다. |
| | 순 서 | 의 미 |
| 본론 | 요구도 조사 | • 강의의 필요성과 문제점을 파악하기 위하여 모니터링 결과, 병원 내부 고객들의 자체평가, 환자와의 직접, 간접 대화에서 나온 평가 등을 조사하고 분석하여 교육 목적을 달성할 수 있도록 한다. |
| | 교육목적 및 목표의 달성 | • 어떤 내용을 어떻게 말할 것인지 강의의 주제를 먼저 결정하고, 자료를 수집하여 평소의 강의 주제와 관계 없는 것처럼 생각했던 주제도 상황에 따라 고려한다. |
| | 서비스 교육 내용 선정 | • 유명한 교수법 강연자 Bob Pike에 따르면 90분동안 강의할 때, 교육생들은 평균 20분 정도만 제대로 집중한다고 한다. 따라서 병원 내부 고객의 집중을 유지하려면 적절한 시간배분과 교육내용이 필요하다. |
| | 서비스 교육 방법 결정 | • 병원 서비스 코디네이터는 상황에 따라서 적절한 강의 방법을 선택 활용할 수 있어야 한다. |
| | 교안 작성 | • 강사가 강의를 하기 위하여 '무엇을', '어떻게' 가르칠 것인가? 라는 진행계획을 써 놓은 것이 교안작성이다. |
| | 교육 실시 | • 성공적인 커뮤니케이션 말은 7%, 음성 38%, 시각 55%의 영향을 미친다고 하였다. 따라서 병원 내부 고객들에게 미칠수 있는 효과의 93%가 음성과 시각을 통해 전달된다는 것을 보여준다. |
| | 평 가 | • 병원에서 내부 고객을 대상으로 다양한 서비스 강의 내용을 하고 난 후에는 평가시트를 이용하여 강사 본인은 물론 교육에 참가한 내부 고객들을 대상으로 평가를 한다. |
| 결론 | 피드백 | • 교육생들의 행동, 태도 등에 대해 잘한 것은 강화하고, 잘못된 것은 고쳐나가도록 도움을 주는 피드백 과정을 수행한다. |

# Ⅶ-2. 강의의 실재 - 사전 준비 사항

| 구분 | 내 용 | 기 타 |
|---|---|---|
| 서론 | 1. 강의 시작 전 준비<br>1.1 긴장을 푸는데 도움이 되는 몇 가지 전략(떨림을 최소화하는 데)<br>　(1) 철저한 강의 준비<br>　(2) 너무 잘 하려는 욕심을 버린다.<br>　(3) 심호흡을 한다.<br>　(4) 친근한 얼굴에 초점을 맞추라.<br><br>* 강의 전 체크 포인트<br>　• 교육장의 확인(크기, 강의방법에 따른 책상 배열상태 등)<br>　• 마이크의 유무<br>　• 참가대상 인원수<br>　• 교수매체 확인(작동유무, 위치 선정 등) | |
| 본론 | ◆강의에 집중을 높을 수 있는 동기부여 방법<br>　☞ SPOT 기법-<br><br>◆강의의 효과를 높일 수 있는 보디 랭귀지(body language)<br>　(1) 강사의 용모, 복장<br>　(2) 눈 마주침<br>　(3) 강사의 자세와 제스처<br>　(4) 강사의 표정<br><br>◆성인교육자로서의 자질<br>　(1) 리더로서의 자질<br>　(2) 지각 능력<br>　(3) 유머 감각<br>　(4) 인내력<br>　(5) 풍부한 지식<br>　(6) 민주주의에 대한 신념<br>　(7) 좋은 화술능력<br>　(8) 열정적인 성격<br>　(9) 인간에 대한 애착 | |
| 결론 | • 강의의 실재 준비에 필요한 기본 사항 재 정리 | |

## Ⅶ-3. 강의의 실재 - 교안 작성의 3단계

| 구분 | 교육내용 | 진행방법 | 시 간 | 교육자료 |
|---|---|---|---|---|
| 서론 | (1) 주의집중<br>(2) 동기부여<br>(3) 강의개요 | • 강의시작 알림<br>• 간단한 몸 풀기로 분위기 전환<br>• 강사소개<br>• 주의 집중 및 동기 부여<br>• 강의순서 안내 | • 예정<br>• 시간(분) | • PPT 또는<br>• 화이트보드<br>• 책상위치 |
| 본론 | 〈개요〉<br>1. 대항목<br>   가. 중항목<br>      (1) 소항목<br>         내용요약 | • 질문사항(개방식, 폐쇄식)<br>• 설 명<br>• 예 시<br>• 기법(토의, 체험학습)<br>• 배포자료명<br>• 관련법칙<br>• 기타 시청각 자료<br>• 참고문헌 | • 예정<br>• 시간(분) | • PPT 또는<br>• 화이트 보드 |
| 결론 | (1) 요약<br>(2) 재동기 부여<br>(3) 결어 | • 전개단계의 간략히 정리 및 강조<br>• 질문<br>• 마무리 인사 | • 예정<br>• 시간(분) | |

# VII-4. 강의의 실재 - 교안 작성법

| 구분 | 내용 | 기타 |
|---|---|---|
| 서론 | **교안의 의의 :**<br>• 강사가 강의를 하기 위해 진행내용과 계획을 적은 것이 교안 또는 강의안이다.<br>• 강사는 교안을 작성함으로써 비로서 교육내용을 빠짐없이, 그리고 효과적으로 강의할 수 있는 준비를 갖춘다고 하겠다.<br>• "판사는 판결문으로 말한다." 는 이야기가 있다.<br>• 마찬가지로 강사는 교안으로 강의하고 교안으로 말하는 것이다. | |
| 본론 | **교안의 중요성 :**<br>① 교육목표에 맞는 강의가 될 수 있다.<br>② 강의에 일관성을 유지할 수 있다.<br>③ 교안도 인수인계가 필요하다.<br><br>**교안작성의 5원칙 :**<br>① 구체적으로    ② 논리성있게    ③ 명확하게<br>④ 독창적으로    ⑤ 재미있게<br><br>**논리구성단계 :**<br>• 도입 -① 주의 집중 단계 ② 동기부여 단계 ③ 강의개요<br>• 전개 -① 내용 조직의 논리적으로 체계화되어 설명할 수 있다.<br>　　　② 부차적인 점을 강조하여 중요점을 희미하게 하지 말 것.<br>　　　③ 주제의 전이 즉 넘어가는 단계가 부드러워야 할 것.<br>　　　④ 동기부여가 중간 중간에 이루어져야 할 것.<br>　　　⑤ 보조 자료를 적절히 사용할 것.<br>　　　⑥ 전개의 마무리 단계에서 질문을 받는다.<br>• 종결 -① 요약 : ㄱ. 너무 구체적으로 언급하지 말 것<br>　　　　　　　ㄴ. 토론식으로 하지 말 것<br>　　　　　　　ㄷ. 새로운 것을 이야기 하지 말 것<br>　　　② 재동기 부여<br>　　　③ 결어<br><br>**효과적인 질문 기술**<br>1. 개방질문 / 폐쇄질문<br>2. 간접질문<br>3. 명료화 질문<br>4. 좋은 질문과 나쁜 질문<br>5. 질문의 요령과 질문에의 대응 | |

<현장적용 100%>
**골동품 CS(친절)교육 길라잡이!**

| 구분 | 내 용 | 기 타 |
|---|---|---|
| 결론 | • 강의는 '재주'로 하는 것이 아니라 교안으로 하는 것이다. 타고난 재주가 있다면야 좀 더 편리하기야 할 것이나 그 '편리함'이란 교안과 노력으로써 충분히 커버하고도 남음이 있다. 이제부터는 재주만을 탓하기 보다 어떻게 하여 훌륭한 교안을 만들것인가에 더 많은 관심을 기울이는 게 좋다. | |

## Ⅶ-5. 강의의 실재 - 강의 피드백 요령

| 구분 | 내 용 | 기 타 |
|---|---|---|
| 서론 | **의의 :**<br>• 강의실습은 성인교육에 있어서의 경험학습기법으로 실제 강의 상황과 같이 실연해 봄으로써 피드백을 통해 스스로 개선하여 성숙된 강사가 되기 위한 훈련과정이다. | |
| 본론 | **실습운영 :**<br>① 시간계획<br>② 강의실습평가표 / 자기반성시트 배포 및 평가방법 설명<br>③ 강의실습은 강의실습평가표의 "강의구성"에 따라 실시 당부<br>④ 개인별 PT 실시(강의구성 3단계 기법에 따라 실시)<br>⑤ 실습생의 PT 소감성취(자기 반성 시트 활용)<br>⑥ 교육생 상호간 피드백(강의실습 평가표 활용)<br>⑦ 마지막으로 지도강사가 종합적으로 피드백하고 마친다.<br><br>**강의 실습 피드백 요령**<br>가. 피드백이란? 피드백은 발생한 행동, 태도, 사실 등에 대해서 비평, 평가하지 않고 있는 그대로 들어내어 직면함으로써 본인 스스로 잘 한 것은 강화하고, 잘못된 것은 고쳐나가도록 도움을 주는 것이다.<br><br>**피드백의 3가지 KEY :**<br>(1) Fit(특별한 사항에 관한것이어야 한다.)<br>(2) Focus(초점이 정확해야 한다.)<br>(3) Timing(적절한 시기에 이루어져야 한다.)<br><br>**강의기법 측면**<br>(1) 강의 전달력 :<br>　① 시선(Eye Contact) 표정 | |

| 구분 | 내 용 | 기 타 |
|---|---|---|
|  | ② 바른 자세, 버릇<br>③ 제스처 유연성<br>④ 화술 |  |
| 결론 | **(실습)** 피드백을 직접 해봄으로써 코칭능력을 향상시켜 나간다. |  |

### ☺강의 속도 연습 : 1분 동안 280자를 읽어라.

고대 희랍의 연설가는 웅변대회를 준비하기 위해 믿을 수 없을 정도로 많은 시간을 소비하였다고 합니다. 몸짓, 음성, 억양 등이 관중 한 사람 한사람에게까지 생각한대로 효과를 미칠 수 있도록 미리 안을 짜서 연습을 했다고 합니다. 그러나 연설가는 순수한 감정을 표현하기 위해 전혀 준비한 적이 없는 것처럼 즉흥적으로 이야기하고 있는 것처럼 보이게 하기 위해 대단히 노력을 하였다고 합니다. 강사는 희랍의 연설가와 같이 해야 합니다. 강사가 아무리 강의를 철저히 준비하였다 하더라도 실제 강의에서는 흡사 방금 생각한 것을 교육하고 있는 것처럼 즉흥적인 감각을 줘야 합니다. 회화식 강의의 친밀감은 설교적인 방법보다 훨씬 쉽게 개념의 흐름을 이해시킬 수 있습니다.

☞ **정확한 입모양** : 아버지, 에너지, 이상한, 오두막, 우리나라, 바람아,
　　　　　　　　　여기에, 사랑하는 이, 한우

　☺ **발성연습** : 아-에-이-오-우-이-에
　　　　　　　　 라-레-리-로-루-리-fp
　　　　　　　　 하-헤-히-호-후-히-헤

　☺ Tongue Twist : 칠월 칠일은 평창친구 친정 칠순 잔칫날
　　　　　　　　　 : 이 분이 국제 관광공사 곽 관광과장이십니다.
　　　　　　　　　 : 중앙청 창살은 쌍 철 창살이고 시청 창살은 외 철 창살이다.

　☺ Pausing －그, 새끼 양을 잘 키워야 할 텐데!
　　　　　　 －그 새끼, 양을 잘 키워야 할 텐데!
　　　　　　 －나는, 민수와 미경이를 때렸다.
　　　　　　 －나는 민수와, 미경이를 때렸다.
　　　　　　 －아줌마, 파마 돼요?
　　　　　　 －아줌마 파마, 돼요?

☞ 년초 전 직원 친절테마를 정하고 그 테마에 맞춘 체계적인 교육들을 월별로 진행하게 됨으로 년말에 피드백 및 질 평가를 받는데 자료로 활용된다.

## ◆ ○○○○년 ○○○○ 친절테마 ◆

### 1 목적

- ○○○○년 친절테마를 통해 전 직원의 서비스 마인드 재형성과 보다 나은 ○○○○의 친절도 향상을 위하여 "고객만족 곱하기 2!!"라는 친절테마를 한 해 동안 실천한다.

### 2 친절테마

- 대 주제 - 고객만족 곱하기 2!!
- 소 주제 - 한번 더 운동
- 구체적인 실천사항
  - 한번 더 미소짓기, 한번 더 인사하기, 한번 더 설명하기, 한번 더 이해하기

### 3 ○○○○년 친절테마에 따른 교육일정

| 월 | 주 제 | 제목 및 내용 |
|---|---|---|
| 1월 | 친절교육 초청강의 | 행복한 병원, 즐거운 인생 |
| 2월 | 0000년 친절테마 | 친절테마의 구체적 실천사항을 인식한다. |
| 3월 | | 상황에 맞는 표정관리를 통해 공감형성 |
| 4월 | | 행동으로 전달되는 인사로 마음을 표현한다. |
| 5월 | 서비스는 표현이다 | 호감가는 voice 만들기(한번 더 설명하기) |
| 6월 | | "잘 들어주면 천냥 빚도 갚는다."의 뜻을 알고 경청의 필요성 강조한다. |
| 7월 | 서비스 마인드 형성 | 동영상 시청(고객접점) |
| 8월 | | 방문 모니터링 결과에 따른 Feedback |
| 9월 | 서비스는 뭐가 달라도 다르다. | 내/외부고객간 보이지 않는 서비스(전화응대)에 대해 인식과 정착화 |
| 10월 | | 마음을 여는 서비스 화법 1 |
| 11월 | | 마음을 여는 서비스 화법 2 |
| 12월 | 0000년 친절테마 성과 | 2008년을 마무리하며 친절테마 실천사항 재검토 |

◆ ○○○○년 ○○○○ 친절테마 ◆

### 1 목적

- ○○○○년 전 직원 친절테마에 맞춘 체계적인 교육 및 피드백을 위한 자료로 활용되는데 목적을 둔다.

### 2 친절테마

- 주 제 - 열린 마음! 행복한 일터로 만들자!!
- 주 제 곡 - 얼굴 찌푸리지 말아요!
- 구체적인 실천사항
  - 미(소)   - 인(사)   - 대(화)   - 칭(찬)
  - 비(난)   - 비(판)   - 불(평)

### 3 ○○○○년 친절테마에 따른 교육일정

| 월 | 주 제 | 제목 및 내용 |
|---|---|---|
| 1월 | 초청강의 | 실 생활에 필요한 상식 |
| 2월 | 초청강의 | 변화하는 의료계의 현실 |
| 3월 | 우호적인 사람이 되는 비결 | 미소를 지어라 |
| 4월 | | 인사를 하라 |
| 5월 | | 대화 하라 |
| 6월 | | 칭찬 하라 |
| 7월 | | 비난이나 비판, 불평하지 말라 |
| 8월 | 호감을 주는 비결 | 경청 하라 |
| 9월 | | 모범을 보여라 |
| 10월 | | 자제력을 발휘하라 |
| 11월 | | 타인을 이해하라 |
| 12월 | 미인대칭비비불 | 0000년 친절테마 피드백 정리 |

주제 :

　　　　　　　　　　　　　　　　　　　　　　　년　월　일 ~ 월　일

강의 자 :

　　　　　　　　　　　　　　　　　　　　　교육 참석자 : ○○명
　　　　　　　　　　　　　　　　　　　　　피드백 작성 인원 : ○○명

질문 1. 오늘의 강의 만족도는?

| 만족도<br>표수 | 매우만족 | 만족 | 보통 | 불만 | 매우불만 | 무응답 |
|---|---|---|---|---|---|---|
| 득표수 | | | | | | |

질문 2. 강사의 시선, 표정, 억양, 제스처 등 전달하는 방법의 만족도는?

| 만족도<br>표수 | 매우만족 | 만족 | 보통 | 불만 | 매우불만 | 무응답 |
|---|---|---|---|---|---|---|
| 득표수 | | | | | | |

질문 3. 강의 내용면에서 논리적이고 체계적이었다고 생각하는가?

| 만족도<br>표수 | 매우만족 | 만족 | 보통 | 불만 | 매우불만 | 무응답 |
|---|---|---|---|---|---|---|
| 득표수 | | | | | | |

질문 4. 오늘 강의 내용 중에서 가장 인상적인 부분(Key Point)이 있었다면 세가지만 적어주세요.

| 만족도<br>표수 | 매우만족 | 만족 | 보통 | 불만 | 매우불만 | 무응답 |
|---|---|---|---|---|---|---|
| 득표수 | | | | | | |

질문 5. 앞으로 더 보완되었음 하는 요구사항이 있으면 적어주세요.

# Part. VIII 웃음치료(SPOT) 중점 교육

# SPOT 기법

### 1. 스파트 기법의 개념

1) 스파트 기법이란?(=분위기 연출 기법)
   - 짧은 시간 내에 상대방 및 참가자의 주의를 집중시키고 적극적인 참여를 유도하며 일체감과 성취욕을 북돋우는 고도의 『심리 연출법』이다.

2) 스파트 기법의 필요성
   - 교육진행을 순조롭게 할 뿐 아니라 교육의 부가가치를 더욱 높일 수가 있다.
   - 스파트 기법을 활용함으로서 주의 집중의 효과를 높이고 교육에 참여하는 기본자세를 정립함.
   - 강사와 교육생간의 교량역할을 연출함으로 교육내용전달을 극대화 할 수 있다.

3) 스파트 기법의 특성
   (1) 축소지향성(짧은 시간 내 승부)
   (2) 공 감 성(교육생 상호간과 진행자 / 강사간의 공감대 형성)
   (3) 역 동 성(동적인 움직임을 통한 심리연출)

4) 어느 때 사용하는가?
   (1) 단위과목이 끝난 뒤 다시 시작할 때까지의 휴식시간, 또는 일과 시작/정리 시간을 활용한 기분전환.
   (2) 비상사태 시(강사미도착) 대신 시간을 활용
   (3) 교육과정에 대한 분위기 조성
   (4) 동기부여 측면으로의 활용
   (5) 교과목에 대한 공감대 형성

### 2. 오픈 마인드 기법의 개념

1. 오픈마인드의 3원칙
   - 첫째, 『강요하지 말라』

- 둘째, 『먼저 입을 열게 하라』
- 셋째, 『오픈 마인드가 되면 마음을 움직여라』

### 3 분위기 조성을 위한 지도원칙

1) 박수를 유도한다.
2) 동작을 유도한다.(힘차고 활기차게)
3) Skinship을 유도한다.
4) 속도의 변화를 준다.(느리게 하다 점점 빨리)
5) 상대(개인, 팀)와 함께 진행 하도록 한다.
6) Speech는 간결하면서도 명확하게 제시한다.

〈웃음치료에 관한 내용 중〉

- 긍정적 사고가 성공을 낳는다.
  - 정신과 의사인 토머스 알렌은 "우리의 생각이 우리의 신체를 이끈다."고 말함.
  - 우리는 일곱 번 넘어질지라도 다시 일어난다고 합니다. 결코 실패하지 않는다가 아니라 실패에도 불구하고 굳세게 일어선다는 것입니다. 그러므로 이 말을 기억하십시오. 하나님께서 실패자는 쓰셔도 포기자는 쓰시지 않습니다. 뇌는 한 가지 부정적인 말을 중화하는데 40개의 긍정적인 말을 필요로 합니다. 그 만큼 상처를 주기는 쉬우나 상처를 치료하는 데는 비용부담이 커집니다. 사랑이란 상대방의 가슴에 상처를 남기고 의욕을 꺾어놓고 용기를 잃게 하는 것이 아니라 자신감과 자기긍정, 의욕을 심어주는 것입니다. 당신의 목표를 달성하려면 늘 긍정적인 생각만 하십시오. 자신이 느끼고 있는 감정을 정확히 알고 이를 콘트롤 하며, 아울러 다른 사람의 감정까지도 배려할 줄 아는 사람은 EQ가 높고 성공의 가능성이 높다고 볼 수 있다. 왜냐하면 인생의 성공과 실패는 다 자기 감정 탓, EQ탓이 되는 현실을 우리들은 경험에 의해서 얼마든지 찾아볼 수 있기 때문이다.

> **(SPOT기법)**
> ※**가위바위보 칭찬웃음** - 서로 가위바위보를 하여 진 사람이 칭찬을 해주고 이때 이긴 사람은 '당연하지' 하면서 크게 웃는다. 5명이상 찾아가서 한다.

> ※천생연분웃음 – 서로 얼굴을 마주보고 얼굴이 안보이도록 양손을 마주대고 있다가 리더의 '짠' 이라는 지시에 따라 재빨리 좌우 방향 중 한 쪽으로 얼굴을 돌려 서로 맞으면 '천생연분', '결혼 합시다', '첫사랑' 하면서 크게 웃고, 맞지 않으면 맞지 않은 사람끼리 만나 계속해야 한다.

- 아름다운 마음을 갖자.
  - 아름다운 마음은 외모를 가지게 한다. "나이 40세에 외모는 부모 탓하지 말라"라는 말이 있다. 자신의 외모는 물론 선천적은 부모의 영향을 받는다. 하지만 나이를 먹음으로서 자신의 성격이 외모로 나타난다. 정서적 불안, 독한 마음, 선한 마음, 욕심, 게으름, 즐거움, 괴로움이 모두 표현이 된다 해도 과언이 아닐 것이다.

- 하하하 웃자, 웃음은 마음의 거울이다.
  - 대부분의 스트레스는 마음에서 비롯된다고 본다. 마음을 다스리지 못한 탓이다. 남보다 앞서야 하고 인정받아야 한다. 작고 하찮은 것일망정 소중하게 여기고 만족할 줄 아는 '소욕지족'의 삶을 살아야 할 것이다. '만족할 줄 모르는 자는 비록 부유한 듯해도 가난하고, 만족할 줄 아는 자는 비록 가난한 듯해도 부유하다' 〈불유교경〉에 나오는 말이다. 성경에서도 빌립보서 4 : 4에 보면 '주 안에서 항상 기뻐하라. 내가 다시 말하노니 기뻐하라' 이처럼 우리는 부족해도 부유한 듯 살고, 무슨 일이든, 어느 곳에 있든지 항상 기뻐하며 살아야 한다.
  - 그것은 장수와 건강의 지름길이기 때문이다. 진정으로 부자는 재산의 부요함에 있는 것이 아니라 웃음의 양, 즉 웃을 수 있는 능력과 시간이라 할 수 있다.

- 프리젠테이션의 초7, 중10, 성15
  - 유머를 곁들이지 않고도 프리젠테이션을 할 수는 있다. 하지만 사람의 집중력에는 한계가 있기 때문에 아무리 진지한 프리젠테이션이라 해도 일정한 시간이 지나면 자연히 주의가 산만해지기 마련이다. 초7, 중10, 성15라는 말이 있다. 사람이 강의를 들을 때 최대한 오래 집중할 수 있는 시간을 연령대별로 나타낸 숫자인데, 초등학생은 7분, 중학생은 10분, 성인은 15분이 지나면 잡념이 생긴다는 얘기다. 이럴 때마다 적절한 유머를 사용하면 청중의 주의를 환기할 수 있다. 처음부터 끝까지 설명과 보고로만 일관하는 딱딱하고 지루한 프리젠테이션 보다는, 가끔씩 유머라는 양념이 첨가된 프리젠테이션이 설득과 호소에 더 큰 효과를 발휘할 것이다.
  - 프리젠테이션에서 유머를 효과적으로 활용하려면 본격적인 프리젠테이션에 앞서 처음부터 적절한 유머로 시작하는 것도 좋은 방법이다. 그래야 청중이 한바탕 웃으며 긴장을 풀고 편안한

마음으로 듣기에 몰입할 수 있다. 유머의 소재는 가능하면 발표할 내용과 연관된 것이 좋다.

- 웃음은 찾아오는 것이 아니라 내가 만들고 찾는 것이다.
- 웃음은 미소가 아니라 하하, 호호, 깔깔 등 크게 소리 내어 웃을 때 효과가 있다.
- 억지로라도 웃자. 웃는 것도 연습이 필요하다. 억지로 웃는 연습을 자주하다 보면 어느새 인상 찡그린 표정은 사라지고 만다.

### 〈 웃음치료 활용 〉

| 구분 | 주요 내용 | |
|---|---|---|
| 서론 | · (spot)시작하면서 : 우리의 고객은 누구입니까? 나 이외의 모든 사람.내동료, 상사, 후배, 내가 만나는 모든 사람이지요. 그 중에 가장 소중한 고객은?(당신은 정말 소중한 사람입니다.) - 다같이 고백하는 시간<br>· 팔짱을 끼고/ 습관이나 행동을 바꾸는 것이 얼마나 어려운가를 보여줌.<br>  1. 교육생들이 자연스럽게 팔짱을 끼도록 한다.<br>  2. 다음과 같은 자세를 각각 몇 명이나 취했는지 살펴본다.<br>    오른손을 보인사람 - 왼손을 보인사람- 양손이 보인사람- 양손이 모두 감추어진 사람- 모두에게 그들의 팔을 반대의 자세로 다시 껴보도록 한다.<br>  3. 새로운 자세가 어떤 느낌을 주는지 물어본다. 그 대답은 다음과 같을 것이다. '몹시 어색하다, 몹시 어렵다' 등등 / 변화란 매우 어려운 것으로 우리가 만약 자세나 행동의 변화를 시도하려면 인내 노력이 필요하다는 사실을 말한다. 우리가 팔짱을 끼는 것처럼 방관적인 자세를 취할 수도 있고 문제를 해결하려는 적극적인 자세를 취할 수도 있다.<br>· (SPOT)복 중에 가장 큰 복은? 행복 여러분과 저에게 행복의 초대장을 드립니다.<br>· 박수의 의미 : 나는 당신을 환영, 기대, 원합니다. 박수의위치 : 심장의높이보다 위에.<br>· 박수치면생각이열리고긍정적이다. 박수준비 : 하!<br>· 박수5번 : 하하하하하, 박수5번 : 호호호호호, 박수 5번 : 히히히히히<br>· 집중력 : (가라사대 게임)<br>· 기지개 피면서 웃어볼까요? 위로~아래로, 좌로, 우로, 앞으로..<br>· (뒷사람과 인사하기) : 반갑습니다. 제 뒤에 앉아줘서 고맙습니다. 하하하~,<br>· (옆 사람과 인사하기) : 저보다 더 못생겨줘서 고맙습니다. 하하하하~<br>· 바보는 바라볼수록 보고 싶은 그대~(옆 사람과 같이 : 에이~바보야~~!!)<br>· (먼지 털기) : 미움, 시기, 질투, 욕심, 소심, 짜증.. 에이 나빼~미워~후~<br>· 내 몸에 대해 고맙다, 미안하다, 힘들었지~ 인사하는 시간 : 몸하고 대화를 하면 몸이 좋아한다. | 자기소개 |

### 〈현장적용 100%〉
**골동품 CS(친절)교육 길라잡이!**

| 구분 | 주 요 내 용 |
|---|---|
| | 1. 미인대칭 : 미소짓고 인사하고 대화하고 칭찬한다.<br>　　(최대한 하나 주제를 선정해서 상대방의 가장 아름다운 것을 외계인말로 칭찬해 주세요.)<br>• 가깝게 와서<br>• (넌센스) 사람에게 있어서 가장 좋은 감?(실제사례) |
| 본론 | **강의 제목 : 인상이 바뀌면 인생이 바뀐다.**<br>• 미간 : 복의 통로(활짝 웃으며 미간을 펴보자) 성공하는 사람에게는 표정이 있습니다. 웃으면 웃을 일이 생깁니다. 세상을 정말 잘 사는 방법 : 웃음이요~(눈으로 맘껏 웃으면서)<br>• 안면근육이완운동 : 예)치즈, 김치, 위스키 비교 설명 / 민들레 - 진달레 - 민들레<br><br>**약속**<br>① 아이가 되자(옆 사람과 : 까르릉 까꿍!)여러분 몇 살?3살~(아이같이 말하기)<br>　　예) 작은공 작은공/작은공 큰공(제스쳐로) - 이제 반대로 행동하기<br>　• 어른들의 마음속에는 놀고 싶어 안달하는 마음이 많다. 아이들은 하루에 300회~500회이상 웃고, 어른은 6~7번(그중에 3번은 비웃음) 그래서 어린이가 더 많이 산다. 아이들처럼 순수하고 풍성한 웃음을 찾아 즐겁게 사시기 바랍니다.<br>② 조금 오버하고 살자 :<br>　• ~우와~ 맛있다. 멋있다. 이쁘다. 살빠졌다. 동안이십니다~(감격하자)<br>　　예) 죽으면 하늘나라에서 정기모임을 하는데..세상에서 너무 재미있게 산걸 후회했다. 그래서 재미있게 살고 오라고 했는데도 근심걱정..염려..불평..불만.. 오버하고 감격하며 그렇게 살자! 강사의 말에 반응을 보여주라~우와~ 웃음치료를 통해 성격을 리모델링 해보자.<br>　• 소극적이었던 성격이 적극적으로 변화될 수 있는 계기로..<br><br>**대한민국 웃음에 대한 코드**<br>• 웃으면 복이 와요(○), 복이오면 웃어요(×)<br>• 김형곤사망(49세)홈페이지 글 : 이 세상에 웃는 것보다 소중한 것은 없다. 우리가 돈 버는 것도 웃기 위해 하는 것이다. 진정으로 부자는 재산의 부요함에 있는 것이 아니라 웃음의 양, 즉 웃을 수 있는 능력과 시간이라 할 수 있습니다.<br>• 우울증 : 웃음이 사라지는 병.. 하나님께서 웃음보를 만들어 주셨다.<br>• 웃음보는 가짜 진짜 구분 못한다. 웃음보는 바보탱이다. 억지웃음과 가짜웃음과 진짜웃음의 효과는 같다. 기분이 좋아진다. 웃음은 찾아오는 것이 아니라 내가 만들고 찾는 것이다.<br>　　예) 볼펜을 무세요. 입꼬리 올리고 하하~웃음과 동시에 우리몸의 에너지가 긍정으로 바뀐다.<br><br>**웃음의 기본기 :**<br>① 크게 웃자!(제스쳐로) : 〈가위바위보〉 크게 웃었더니 속이 다 시원하네~<br>　• 푸하하하~가소롭다~ 웃음과 함께 상대방의 기를 죽인다.<br>　　예) 실습 : 아에이오우 웃음 / 백설공주웃음 / 나이뻐 웃음 / 웃음총(가위바위보)<br>② 길게웃자 : (손가락질을 위로 표시하며) 최불암 시리즈 : 파~하<br>③ 배로 웃자 :<br>　　예) 변비환자;호수공원 풀밭에서 쉼 없이 35분정도 웃었더니 새벽 3시정도 돼서 배가 아파 화장실을 갔는데 큰것이 쭈욱~ 웃음이 운동이 된거다. |

| 구분 | 주 요 내 용 |
|---|---|
| 결론 | **독일의 알폰스 테켄교수에 의한 웃는 얼굴 4가지 철학 :**<br>• 첫째 – 건강을 위한 스마일(미국의 조일 굿먼 박사에 의하면 하루에 열다섯번 이상 웃는 사람은 의사를 멀리 할 수 있다고 한다. 특히 하루에 세 번만 크게 웃으면 조깅을 한 것과 똑같은 효과) 우리나라 속담에도 '웃는 문으로는 만복이 들어온다'는 말이 있듯이 웃음은 만복의 근원인 건강을 지키는데 필수적인 것이다.<br>• 둘째 – 배려와 사랑의 표현으로서의 스마일<br>• 셋째 – 일상생활에서 커뮤니케이션으로 스마일<br>• 넷째 – 그럼에도 불구하고의 스마일<br>• 5−3=2 / 2+2=4 뜻 풀이<br>• 나 자신과 직장을 망하게 하는 가장 나쁜 바이러스는? 무표정<br>• 웃으면 주름살이 늘어난다구요?<br>• "나는 365일 지지 않는 웃음꽃이다"<br>• 내가 먼저 웃어주는 것, 이것이 내 삶의 주도권을 잡는 것이다.<br>• 웃는 문으로는 만복이 들어온다. 웃음은 만복의 근원인 건강을 지키는데 필수적이다.<br>• 인상이 바뀌면 인생이 바뀐다.!! |

## < 웃음치료 교육 >

| 구분 | 내 용 | 부 연 |
|---|---|---|
| 서 론 | **자기소개**<br>• 첫인사 - 만나서반갑습니다.~<br>• 웃음은 앞쪽 전두엽에서 웃음을 만들어낸다.<br>• 하루에 몇 번이나 웃으십니까?(대한민국 하루의 평균 7번 웃음)<br>• 줄기세포가 있다/없다/모른다→N.K세포가 만들어진다.<br>**웃음의 중요성**<br>• 웃으면 백혈구가 증가한다.<br>• 면역력을 올려준다. 웃음을 통해 우울증치료<br>• 웃음이 스트레스 진정, 혈압낮춤, 혈액순환도움, 억지로 웃어도 90%효과.<br>**건강박수**<br>• 손가락끝으로만 박수 : 머리를 맑게~<br>• 손바닥으로만 박수 : 장기관을튼튼하게해주는박수<br>• 주먹쥐고뼈를부딪히면서박수 : 신경계통을튼튼박수 | • 매너와 에티켓의 차이 구분<br>• 복중에 가장 큰 복은? 행복<br><br>• 꿈, 희망, 비젼 제시하는 웃음치료<br><br>• 웃으면 내 마음에 돈이 쌓인다.<br>• 감사할 때 웃음이 나온다. |
| 본 론 | **긍정적 이미지 만들기의 중요성 :**<br>• 첫인상 웃는 모습 10초 이상 유지.<br>• 중국속담 : 웃는 얼굴이 아니면 가게문을 열지마라.<br>• 미국의 아이다호주 포카텔로시 : 타인이 미소를 보낼 경우에 웃는얼굴로 화답하지 않으면 벌을 과한다는 조례.<br>• 파리의 한 요리점 : 남녀 종업원들이 일을 시작하기 전에 반드시 거울 앞에서 몇 번이고 웃는 연습을 한다고 한다. 그 이유는?<br>**포커 페이스 ?**<br>**래프와 스마일의 차이점 :**<br>• 안면근육이완운동 ; 눈→입<br>              아-에-이-오-우<br>              하-헤-히-호-후<br>**위스키, 김치, 스마일의 비교**<br>• 위스키-막걸리-와이키키-둥글이<br>**적절한 시선처리(역삼각형)**<br>• 인상이 바뀌면 인생이 바뀐다.<br>**주름살모양** | **인사의 중요성, 역할 :**<br>• 한 가족이 행복해질려면-책읽는소리/살림하는소리/아이소리, 웃음소리가 있어야 한다.<br>**인간적인 매력**<br>• 사랑 : 자신에게 고백<br>• 감사 : 팔, 다리등등 감사~<br>• 용서 :<br>**당신의 이미지가 당신을 말해줍니다.** |

| 구 분 | 내 용 | 부 연 |
|---|---|---|
|  | • 가로주름/세로주름<br><br>• 웃음인사 : 인사, 악수, 웃기, 칭찬<br>• 미인대칭 : 미소짓고, 인사하고대화하고칭찬하고..<br>• 당연하지! 게임 – 칭찬유도<br>• 가위바위보(얼굴로 웃음유도)<br>• 가위바위보(웃음총) – 총쏘면 웃는다.(이긴사람/진 사람)<br>• 아에이오우 – 배 만지며 웃는다.<br>• 웃을때 얼굴이 빨개진다 – 홍소<br>• 손뼉(10초동안)치기 : 몇 번??<br>• 손뼉 웃으면서 10초동안 치기 :<br>• 나이뻐??<br>• 백설공주 웃음? |  |
| 결 론 | 나는 365일 지지않는 웃음꽃이다.<br>• 5-3=2<br>• 2+2=4 | • 나에게 가장 좋은 감?자신감<br>• (×)열등감<br>• 오늘도 나는 웃으며살아요~<br>(노래와 함께) |

## < 웃음치료 관한 포인트(SPOT) >

| 구 분 | 내 용 | 비 고 |
|---|---|---|
| 서 론 | 몸 풀기, 집중력 테스트(가라사대 게임)<br>1. 만나서 반갑습니다~하하하하(서로 악수하며) : 웃으면 내 마음에 돈이 쌓인다.<br>2. 자기소개(섹시, 지적, 귀엽게)PR<br>3. 나에게 가장 좋은 감 : 자신감↔열등감<br>4. 영국 사람들은 이야기가 끝나면 웃고, 프랑스 사람들은 그때그때 중간 중간 웃고, 한국 사람들은 집에서 웃는다. 한국 사람은 6-7번 웃는데 그중에 3번은 비웃음이다. | |
| 본 론 | 1. 미인대칭<br>• 미소 짓고 인사하고 대화하고 칭찬한다.<br>• (최대한 하나 주제를 선정해서 상대방의 가장 아름다운 것을 외계인말로 칭찬해 주세요. 가깝게 와서)<br>2. 마음웃기-<br>3. 희노애락 게임-소품 : 긴천, 신문지<br>4. 칭찬게임 : 당연하지! 게임<br>5. 대한민국 하루 평균 7번 웃음 횟수<br>6. 줄기세포 있다 없다? 모른다?? 해서 N.K세포(웃을 때만 만들어진다)가 만들어진다.<br>• 웃으면 백혈구가 증가한다. 면역을 올려준다.우울증 치료, 감사할 때 웃음이 나온다.<br>• 웃을 때 얼굴이 빨개진다.→홍소<br>7. 가위바위보/총(웃음 총), 총 쏘면 웃는다, 나중엔 대포발사~<br>8. 손뼉(10초동안)치기(몇번?)/웃으며 손뼉 치기(10초) :<br>• 숫자 셀수 없다-웃으면 속에 고민이 안든다는 이야기)<br>9. 나 이뻐? 10. 샤워웃음 11. 웃음 다이어트 12. 백설 공주 웃음<br>13. 한 가족이 행복해질려면<br>① 책읽는소리 ② 살림하는소리 ③ 아이웃음, 웃음소리가 있어야 한다.<br>14. 느끼 웃음-<br>• 서로 손을 잡고 5초간 눈을 보고 느끼고, 천천히 내려가 5초간 코를 보고, 5초간 입을 보면서 느껴봐! 느끼 쥐! 하면서 크게 웃는다.<br>15. 우리나라 속담에도 "웃는 문으로는 만복이 들어온다."는 말이 있듯이 웃음은 만복의 근원인 건강을 지키는데 필수적이다. 억지로 웃는 것도 90%효과가 있다. 미국 통증 치료소의 데이빗 브레슬로우 박사는 통증이 심한 환자들에게 1시간에 2번씩 거울을 보고 웃게 하였는데, 억지로 가식으로 웃는 환우들까지도 치료효과를 크게 보았다고 한다. 웃음은 가능한 혼자웃기보다는 여러사람이 웃으면 33배의 효과가 있다. 손뼉을 | 긴천,<br>신문지 |

| 구 분 | 내 용 | 비 고 |
|---|---|---|
| | 치며 발을 구르며 양팔을 하늘위로 벌려 큰소리로 한번 웃어봐라. 세상이 편해 보이고 불가능이란 없어 보인다. | |
| 결 론 | 노래 : 웃다보면~<br>• "나는 365일 지지 않는 웃음꽃이다"(얼굴에 두 손으로 하고 웃는다.)<br>• 진정으로 부자는 재산의 부요함에 있는 것이 아니라 웃음의 양, 즉 웃을 수 있는 능력과 시간이라 할 수 있다. 실제로 장수하는 사람들을 보면 낙천적인 성격에다 많이 웃으면서 삶을 즐겁게 살아온 사람들이다.<br>• 힘들 때 우는 것-삼류, 힘들 때 참는 것-이류, 힘들 때 웃는 것-일류<br>• 王(왕) → 主(주) : 웃는 것은 내가 선택한다. 내 삶의 주인은 나이기 때문이다. | 음악<br>CD준비 |

# 부 록

- CS(고객만족) 문제은행
  - I. 의료 서비스 개요
  - II. 의료 서비스 마케팅
  - III. 의료 서비스 실무
- 교육확인증

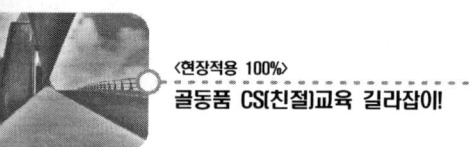

## I. 의료 서비스 개요

**001.** 다음 중 고객만족요소에 해당되지 않은 것은?

① 의료비 증가   ② 의료행위
③ 의료진 태도   ④ 병원시설과 환경

**002.** 다음 중 서비스에 대한 개념으로 잘못된 것은?

① 고객을 위해 성심성의 것 봉사한다는 것이다.
② 다른 사람을 섬긴다는 뜻이다.
③ 서비스 어원은 그리스에서 유래된 말이다.
④ 무료 또는 부가적으로 제공되는 것이다.

**해설** 서비스 어원은 라틴어 '세르브스 – 노예에서 유래되었다.

**003.** 다음 중 의료기관의 업무의 특성 중 해당되지 않는 것은?

① 의료기관 업무의 가장 큰 특성은 대인서비스이다.
② 이용하는 기술의 불확정성이다.
③ 직원과 고객(환자)의 관계가 협력적이어야 한다.
④ 업무가 고도로 분업화 되어 있다.

**해설** 의료기관의 업무는 표준화된 시스템을 갖추고 있다

**004.** 다음 중 의료기관 조직의 특성으로 옳지 않은 것은?

① 병원은 복잡한 전환과정을 거쳐 서비스를 생산한다.
② 직종이 다양하고 연령, 교육수준과 배경이 다양하다.
③ 병원은 고객인 환자에 대해 양질의 의료서비스를 최소의 비용으로 제공한다.
④ 이익을 창출하여 병원 보직의 유지와 생존, 성장 능력을 확보한다.

**005.** 다음 중 코디네이터의 기본자세에 대한 거리가 먼 것은?

① 서비스에 대한 기본 개념을 익힌 자.

② 긍정적이고 적극적인 사고를 가진 자.
③ 능동적이고 타의 모범이 되는 자.
④ 근무경력이 오래되어 병원 업무에 능통한 자.

006. 다음 중 코디네이터가 병원생활에 있어서 그 역할에 대한 평가로 바르지 않은 것은?

① 코디네이터 자신이 평가
② 고객에 의한 평가
③ 고객과 접촉에 의한 평가
④ 태도, 몸짓, 행동에 대한 평가

007. 서비스의 3단계 중 On-Service에 해당하는 설명으로 맞는 것은?

① 사전 서비스는 판매 또는 서비스 이용 전에 제공되는 서비스이다.
② 판매의 가능성을 타진하고 촉진하는 단계에 해당한다.
③ 병원의 현장서비스는 위치를 알리는 게시물 존재부터 해당된다.
④ 고객과 서비스 제공자 사이에 직접적 상호거래가 이루어지는 서비스의 본질부분이다.

**해설** Before(사전서비스) - On Service(현장서비스) - After Service(사후서비스)

008. 고객의 기본적인 욕구에 해당되지 않는 것은?

① 기억되기를 바라는
② 환영받고 싶어하는 욕구
③ 평범한 사람으로 인식되기를 바라는 욕구
④ 기대와 요구를 수용해주기를 바라는 욕구

009. 서비스의 특징에 해당하지 않는 것은?

① 비분리성　　　　　　　② 신속성
③ 소멸성　　　　　　　　④ 이질성

**해설** 제품과 다른 서비스의 본질적 특징 - 무형성, 동시성, 소멸성, 이질성, 즉흥성

**〈현장적용 100%〉**
**골동품 CS(친절)교육 길라잡이!**

**010.** 서비스의 포인트에 대한 설명으로 바르지 못한 것은?

① 눈에 보이지 않는 서비스가 기업의 운명을 좌우한다.
② 서비스는 유형의 상품이다.
③ 고객을 만족시키는 힘은 종사원 자신이 만족스러운 상태에서 가능하다.
④ 고객이 원하는 때에 진심으로 응대한다.

**해설** 서비스의 본질은 눈에 보이지 않는 무형의 상품이다.

**011.** 다음 중 의료서비스의 특성이 아닌 것은?

① 의료서비스는 저장되지 않은 소멸성이다.
② 의료서비스는 이질적이다.
③ 의료서비스는 무형적이면서 유형적이다.
④ 의료서비스는 생산과 소비가 동시에 이루어진다.

**012.** 다음 중 서비스재의 경제적 특성이 아닌 것은 무엇인가?

① 무형성　　　　　　　② 동시성
③ 상품성　　　　　　　④ 소멸성

**013.** 다음 중 병원 코디네이터의 정의가 아닌 것은?

① 병원 직원에 대한 서비스 교육 및 방문고객에 대한 서비스를 제공하는 사람이다.
② 병원의 환자 대응 체계를 점검하고 지도해주는 컨설턴트이다.
③ 코디네이터는 오직 병원에서 환자만을 위해 서비스 하는 것이다.
④ 내부조직원과의 조정자 또는 의견등을 종합하는 사람이다.

**해설** 코디네이터는 병원입장과 환자입장, 직원입장에서 중간다리 역할을 하는 사람이다.

**014.** 다음 중 Coordinator용어의 정의로 적절하지 않은 것은?

① 적절한 관계로 하다.
② 관리자 또는 의견 등을 결정하는 사람이다.
③ 동격의 대등한 의미이다.
④ 조직에서 조정자 역할을 한다.

**해설** 코디네이터는 결정권은 없다. 중간다리역할, 조정자로서의 역할을 수행할 뿐이다.

015. 다음 중 병원코디네이터의 자질 및 조건에 해당되지 않는 것은?

① 서비스지식　　　　　　　② 서비스기술
③ 임상지식　　　　　　　　④ 서비스 마인드

016. 다음 중 병원코디네이터 서비스 기술 중 파악된 고객의 욕구를 충족시키기 위하여 필요한 능력이 아닌 것은?

① 운영능력　　　　　　　　② 창조능력
③ 인간관계능력　　　　　　④ 경영능력

[해설] 코디네이터의 업무에 필요한 서비스 기술을 갖추어야 하는데, 경영능력은 해당되지 않는다.)

017. 병원 내 진료를 위해 치료계획 수립과 치료가 원활히 이루어지도록 의사의 진료 팀 간의 원만한 역할을 수행하는 코디네이터는?

① 통역 코디네이터　　　　　② 기획 코디네이터
③ 서비스 코디네이터　　　　④ 트리트먼트 코디네이터

[해설]
- 트리트먼트 코디네이터 – 의료관계자가 담당, 치료계획 수립, 의사의 진료가 원활히 진행되도록 치료중계
- 서비스코디네이터 – 진료과정에 대한 전체적 조망, 의사와 환자간 연결
- 리셉션코디네이터 – 수납과 예약업무, 병원환경조성, 전화응대와 상담)

018. 다음 중 병원코디네이터가 환자들에게 미소를 보임으로써 얻어지는 효과가 아닌 것은?

① 환자들에게 건강증진 효과
② 환자들에게 신바람 나는 효과
③ 환자의 병이 낫게 하는 효과
④ 환자들에게 호감을 주는 효과

019. 병원조직의 내부에 존재하는 구성원으로서 수평적, 수직적 관계를 갖는 모든 사람을 일컫는 의미는?

① 단골고객　　　　　　　　② 내부고객
③ 유치고객　　　　　　　　④ 반짝고객

[해설] 내부고객 – 직원 / 외부고객 – 외래환자, 입원환자 / 잠재고객 – 거래처

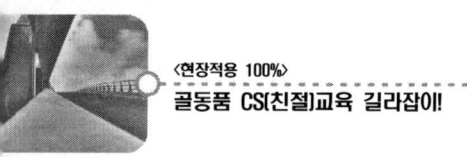

**020.** 다음 중 다양한 의료 환경의 변화가 아닌 것은?

① 고객의 힘 증대
② 의료의 질 보단 양으로 승부
③ 의료시장의 경쟁 심화
④ 병원 서비스에 대한 수요의 변화

**021.** 다음 중 코디네이터의 고객응대를 위한 기본적인 자세가 아닌 것은?

① 내가 병원을 대표하고 있다는 자세로 품위 있게 한다.
② 고객을 지위나 신분으로 차별하지 않도록 친절하고 공손하게 응대한다.
③ 잘 모를 때에는 적당히 대답하지 말고 확인한 다음 응답한다.
④ 사람은 여러 가지 스타일이 있으므로 코디네이터가 자기 나름대로 응대한다.

**022.** 다음 중 리더의 특성에서 제시한 리더의 공통된 특성은?

① 단정한 용모
② 임기응변 태도
③ 적극적인 협조성
④ 다정한 표정

**023.** 다음 중 리셉션 코디네이터가 해야 할 일이 아닌 것은?

① 약속 관리
② 전화 및 환자 응대
③ 내부직원에 대한 서비스 교육
④ 대기실 분위기 관리

> **해설** 리셉션코디네이터 - 수납과 예약업무, 병원환경조성, 전화응대와 상담

**024.** 다음 중 의료기관 경영 목표의 변화에 대한 설명으로 맞는 것은?

① 고객만족을 목표로 한 차별화된 마케팅 전략이 필요하게 되었다.
② 질 좋은 의료서비스를 제공하기 위하여 의원급의 단독 개원이 증가하고 있다.
③ 병원경영패턴이 수요자(환자)중심에서 공급자(의료기관)중심으로 바뀌고 있다.
④ 전문경영인의 도입보다는 기존의 의료인 중심의 경영체제가 목표달성에 효과적이다.

025. 고객만족이 기대수준과 지각된수준의 차이에 의해 결정된다고 할 때 ( )맞는 순서로 나열된 것은?

```
*지각(P) < 기대(E) → (     )
*지각(P) = 기대(E) → (     )
*지각(P) > 기대(E) → (     )
```

① 만족/불만족/이상적인 만족
② 불만족/만족/이상적인 만족
③ 이상적인 만족/불만족/만족
④ 이상적인 만족/만족/불만족

026. 다음은 CS관리의 역사에 대한 설명이다. 바르지 못한 것은?

① 1980년 스칸디나비아 항공사 MOT도입으로 CS경영성공
② 1970년대에 처음 대두되어 최근에는 고객감동, 고객사랑, 고객가치 등과 같은 의미로 사용하고 있다.
③ 1980년대 후반 일본 고객만족경영 도입
④ 2000년대 이후 서비스 관련 업종에 한하여 CS경영 도입

해설
• 1990년대 CS 경영 도입
• 2000년대 – CS 왕성기

027. 병원 코디네이터의 친절과 관계없는 것은?

① 환자의 요구는 무엇이든지 들어준다.
② 신뢰감을 형성하여 공포를 느끼지 않도록 한다.
③ 환자의 요구가 무엇인지 파악하여 도움을 준다.
④ 환자에게 이로운 치료, 서비스를 권한다.

028. 병원 코디네이터의 이미지 연출에 대한 설명으로 옳지 않은 것은?

① 옷차림도 이미지 전략의 일부이므로 자신의 개성을 강하게 표출한다.
② 보는 사람 입장에서 입는 것이 좋다.
③ 개성을 살리기보다 업무에 맞는 차림을 유지한다.
④ 복장상태가 활동에 제약을 주지 않는 범위에서 정갈한 이미지를 표출 하도록 한다.

**029.** 병원코디네이터가 갖추어야 할 가장 중요한 덕목은?

① 최고의 지적 능력
② 사랑과 봉사의 마음
③ 전문적인 상담지식과 노하우
④ 사람을 웃기는 재치와 순발력

**030.** 고객이 병원에 도움이 되는 바람직한 행동을 할 때마다 심리적, 물질적 보상을 함으로써 행동을 계속 하게 하는 것은?

① 정적강화
② 행동촉진
③ 적응기제
④ 부적강화

> 해설 • 정적 강화 – 행동의 빈도를 증가시키기 위해 바람직한 자극을 제공하는 것
> – 잘 했을 때 보상을 해 주는 것, 성과에 대하여 칭찬하고 격려하는 것

**031.** 동기유발의 방법으로 가장 바람직한 것은?

① 계속해서 상을 준다.
② 계속해서 벌을 준다.
③ 상을 주기도 하고 벌을 주기도 한다.
④ 직원이 즐거운 마음을 갖도록 한다.

> 해설 내적 동기유발로 즐거운 마음을 갖게 하는 것이 중요하다.〉

**032.** 병원에 코디네이터가 필요한 이유는?

① 대외적인 홍보에 활용하기 쉽다.
② 진료서비스에 대한 만족도가 높아지고 소개 환자의 비율이 높아진다.
③ 의사의 진료 시간이 줄어들고 수입이 늘어난다.
④ 직원들의 이직률을 높인다.

**033.** 병원코디네이터의 업무역할이 아닌 것은?

① 병원도 고객을 찾아가는 시대라고 생각한다.
② 병원의 홍보대사의 역할을 맡는다.
③ 직원들의 업무를 감시한다.
④ 친절하고 빠른 서비스로 다가가도록 한다.

034. 코디네이터로서 자연스런 상담기법에 해당하지 않는 것은?

① 처음부터 끝까지 같은 톤으로 전달한다.
② 논리 정연해야 한다.
③ 상대의 의견을 존중하고 수용하려는 자세를 보여 주어야 한다.
④ 오해의 소지가 없도록 정중히 질문과 복창을 한다.

035. 직원이 원장으로부터 인정을 받고 싶어 하는 것은 매슬로우의 어떤 욕구에 해당하는가?

① 생리적 욕구
② 자아실현의 욕구
③ 안전의 욕구
④ 자아(자존)의 욕구

**해설** 자신에 대한 평가, 중요한 사람으로부터 인정받으려는 욕구)

036. 성취동기가 높은 사람의 특징이 아닌 것은?

① 책임감
② 과거지향적
③ 모험적
④ 업무지향적

**해설** 성취동기가 높은 사람의 특징
- 업무성취를 위해 지속적으로 반복되는 노력을 한다.
- 모험성이 높고 책임감, 자신감으로 충만하다. 과제 지향적이고 미래지향적이다.
- 그리고 자신의 능력을 과시할 수 있는 업무에 흥미를 가지며 업무를 성취해 나가는 과정을 만족스럽게 여기며 업무 수행 시 높은 자신감, 업무실패 시 성공추구 동기가 높아진다.)

037. 다음 중 동료와의 인간관계에 대한 설명으로 옳지 않은 것은 무엇인가?

① 상호간에 협조하여 예의를 갖춘다.
② 서로 친절히 지내며 신의를 으뜸으로 한다.
③ 자신의 의견만을 내세우지 않도록 한다.
④ 공동체이므로 개인의 프라이버시는 없도록 한다.

038. 고객을 화나게 하는 태도로 묶인 것은?

① 무관심과 규정제일주의
② 고객우선주의
③ 역지사지와 배려의 마음

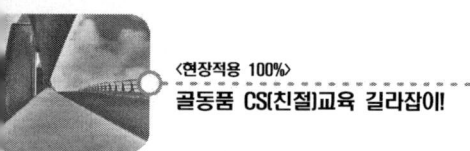

④ 경청과 책임전가

**039.** 병원에서 챠트(Chart)의 법적 보존 년한은?

① 10 년　　② 7 년
③ 5 년　　④ 3 년

**040.** 병원환경에 불안을 조성시키는 요인은?

> 가. 가까운 사람들과의 격리
> 나. 건강관리요원들의 비인간적인 태도
> 다. 병원용어의 이해부족
> 라. 낯선 기구와 소음

① 가.나.다　　② 가.나
③ 나.라　　④ 가.나.다.라

**041.** 병원코디네이터에 대한 설명으로 올바른 것은?

① 서비스리더로 환자와 병원의 교량적 역할을 한다.
② 복잡한 커뮤니케이션을 단순화하는 역할을 한다.
③ 환자에게 고가의 치료를 권하여 매출을 올린다.
④ 병원 내 갈등을 심화시킨다.

**042.** 간단한 수술, 입원진료를 중심으로 하는 기관은?

① 1 차 의료기관　　② 2 차 의료기관
③ 3 차 의료기관　　④ 종합의료기관

> **해설**
> • 1차 의료기관 - 지역보건소, 일반병의원
> • 2차 의료기관 - 종합병원(보훈병원 포함)
> • 3차 의료기관 - 대학병원 등 국민건강보험법상의 종합전문요양기관

043. 치료를 끝낸 어린이응대방법으로 옳지 않은 것은?

① 치료 중 잘못된 행동을 지적한다.
② 다음 번 치료내용을 미리 알려준다.
③ 칭찬과 함께 장점을 말해준다.
④ 작은 선물로 협조에 보상한다.

044. 다음 중 병원의 정의로 옳은 것은?

① 의사가 의료행위를 하는 곳으로 진료가 가능한 시설을 갖춘 곳이다.
② 간호사나 간호조무사가 근무하는 곳 이다.
③ 의사가 의료행위를 하는 곳으로 입원 환자 30인 이상을 수용할 수 있는 시설을 갖춘 곳이다.
④ 의사가 의료행위를 하는 곳으로 입원 환자 100인 이상을 수용할 수 있는 시설을 갖춘 곳

045. 정부에서는 국민 건강권 보장을 위한 의료 서비스체제 개선을 위해 의료서비스 평가 제도를 도입하고 있다. 다음 중 그 기준이 되는 의료 기관의 규모는 무엇인가?

① 50 병상 이상 병원급
② 100 병상 이상의병원급
③ 150 병상이상 병원
④ 300 병상 이상 종합병원

046. 진료비가 진료내역(내용+양)에 따라 결정되는 방식의 명칭으로 옳은 것은?

① 선불상환제
② 총액예산제
③ 포괄수가제
④ 진료행위별 수가제

해설 현재 병원에서 환자분 처방한 대로 수가적용되는 방식〉

047. 다음 중 환자가 진료를 받은 상병명에 따라 미리 정해진 일정액의 진료비를 지급하는 진료비 지불제도는?

① 행위별수가제
② 포괄수가제
③ 총액예산제
④ RBRVS

해설 현재 노인요양병원에서 환자분 정액제로 청구되는 방식〉

**048.** 의료기관에 대한 설명으로 옳지 않은 것은?

① 1 차기관은 입원을 주로 관장한다.
② 2 차기관은 간단한 수술과 입원진료 중심
③ 3 차기관 – 어려운 진료와 수술, 입원을 주로 치료
④ 1 차 기관 – 가족이나 직장 단위의 예방을 위한 외래진료 중심

**049.** 다음 중 어려운 진료와 수술, 입원을 주로 치료하는 의료기관은?

① 1 차 의료기관　　　　② 2 차 의료기관
③ 3 차 의료기관　　　　④ 종합의료기관

> **해설**
> • 1차 의료기관 – 지역보건소, 일반병의원
> • 2차 의료기관 – 종합병원(보훈병원 포함)
> • 3차 의료기관 – 대학병원 등 국민건강보험법상의 종합전문요양기관)

**050.** 병원의 기능으로 적합하지 않은 것은?

① 중환자만의 치료　　　② 공중보건 활동
③ 의료인의 교육　　　　④ 의학의 연구

**051.** 외래고객의 분류로 적당하지 않은 것은?

① 예약고객　　　　　　② 초진환자
③ 불량고객　　　　　　④ 의료급여환자

**052.** 의료법상 입원시설 제한을 받지 않는 곳은?

① 치과　　　　　　　　② 산부인과
③ 요양병원　　　　　　④ 종합병원

**053.** 우리나라 전 국민 의료보험이 실시된 시기는?

① 1988 년 7 월　　　　② 1988 년 12 월
③ 1989 년 7 월　　　　④ 2000 년 7 월

054. 병원에 대한 환자들의 기대가 점점 높아지고 있다. 기대가 높아지는 원인으로 적절하지 않는 것은?

① 국민의 평균수명이 연장되어 보건과 생명 연장에 대한 의식이 높아지고 있기 때문이다.
② 생활수준의 질적 향상으로 인하여 성형수술, 안과의 시력 교정 등 질적인 측면에서의 의료 서비스에 대한 요구가 높아지고 있기 때문이다.
③ 전 국민 모두가 의료서비스를 받을 수 있게 되어 누구나 병원을 방문할 수 있기 때문이다.
④ 선진 의료서비스가 점차 국내에 도입되고, 의료기관간 경쟁이 심화되고 있기 때문이다.

055. 코디네이터의 사전적 의미로 적절하지 않는 것은?

① 동격으로 또는 대등하게 하다.   ② 적절한 관계로 하다
③ 통합하다   ④ 결정하다

해설  코디네이터는 조정자일 뿐 결정권은 거리가 멀다)

056. 코디네이터의 역할로 해당되지 않는 것은?

① 병원의 가치를 높이는 중간관리자 수행
② 홍보, 기획과 관련된 병원 마케팅 참여
③ 고객-환자의 관리
④ 환자분과의 상담 후 진료방향 결정

057. 시대적 변천사에 맞춰 조직들은 변화되고 있다. 21세기에 맞춘 변화 양상으로 올바르지 않는 것은?

① 진료위주의 의료시장 확보
② 대형화, 브랜드화 병원의 진출확대
③ 병원 마케팅을 전담하는 부서가 내부에 배치
④ 진료이외의 비즈니스를 하는 기업형 병원 출현

해설  1990년 중반부터 2000년도에 들어오면서 병원은 대형화, 브랜드화하기 시작하였고, 네트워크를 통하여 병원 경쟁력을 높이려는 움직임이 활발해지고 있다.)

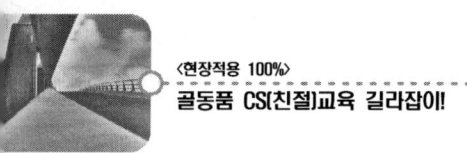

**058.** 병원 코디네이터의 등장배경으로 올바르지 않은 것은?

① 기업 위주의 의료 서비스 요구도 상승
② 고객들은 최고의 진료보다는 최적의 진료 요구 경향
③ 고객들의 생활수준, 의식수준 향상 및 요구에 부응
④ 직원들 모니터링을 통한 감시자 필요성

**해설** 의료서비스에 대한 요구가 상승하고 병원도 기업의 경영마인드가 없으면 경쟁력을 갖기 힘든 시대적 요구에 따라 신종직업인 병원 코디네이터가 대두되었다.〉

**059.** 진료 코디네이터의 역할로 올바른 것은?

① 외부 고객 맞이와 응대가 주된 역할
② 데스크와 대기실 환경관리
③ 임상지식과 경험이 있는 사람이 적합
④ 의료계 시장 조사

**해설** 환자와 의사 사이를 오가며 다양한 역할을 하는 진료실 내의 조정자로서 임상지식과 경험이 있는 사람이 적합하다〉

**060.** 코디네이터가 되기 위해서 필요한 항목에 포함되지 않는 것은?

① 확고한 서비스 신념
② 고객 지향적인 서비스 태도
③ 본인만의 뚜렷한 주관
④ 신속하게 제공하는 서비스 능력

**해설** 서비스리더는 곱하기의 관계, C×M×S 를 고루 갖출 때만이 바람직한 리더의 행동을 하게 된다.〉

**061.** 코디네이터의 자질 중 서비스 철학에 해당되지 않는 것은?

① 나와 고객의 관계는 수직이다.
② 서비스 한 것 .이상으로 고객은 돌려준다는 효과기대
③ 고객만족을 위해 함께 실천하고 공유할 비젼을 만든다.
④ 나와 고객은 파트너라는 생각

**해설** 나와 고객의 관계가 수평이고, 고객만족을 달성하기 위한 서비스 철학을 바탕으로 혁신해 나가야 한다.〉

062. 코디네이터의 역할을 원활하게 수행하기 위해서 갖춰야 할 자세로 올바르지 않는 것은?

① 직업 윤리의식
② 최고를 향한 열망
③ 강한 승부근성
④ 무사안일을 추구하는 보수적 인간형

**해설** 웬만한 위험에 노출되어도 쉽게 포기하지 않는 불굴의 의지와 이를 극복해내는 근성이 필요하다.〉

## I. 의료 서비스 개요 답안지

| 1 | 2 | 3 | 4 | 5 | 6 | 7 | 8 | 9 | 10 |
|---|---|---|---|---|---|---|---|---|---|
| 1 | 3 | 4 | 4 | 4 | 1 | 4 | 3 | 2 | 2 |
| 11 | 12 | 13 | 14 | 15 | 16 | 17 | 18 | 19 | 20 |
| 3 | 3 | 3 | 2 | 3 | 4 | 4 | 3 | 2 | 2 |
| 21 | 22 | 23 | 24 | 25 | 26 | 27 | 28 | 29 | 30 |
| 4 | 3 | 3 | 1 | 2 | 4 | 1 | 1 | 2 | 1 |
| 31 | 32 | 33 | 34 | 35 | 36 | 37 | 38 | 39 | 40 |
| 4 | 2 | 3 | 1 | 4 | 2 | 4 | 1 | 1 | 4 |
| 41 | 42 | 43 | 44 | 45 | 46 | 47 | 48 | 49 | 50 |
| 1 | 2 | 1 | 3 | 2 | 4 | 2 | 1 | 3 | 1 |
| 51 | 52 | 53 | 54 | 55 | 56 | 57 | 58 | 59 | 60 |
| 3 | 1 | 3 | 3 | 4 | 4 | 1 | 4 | 3 | 3 |
| 61 | 62 | | | | | | | | |
| 1 | 4 | | | | | | | | |

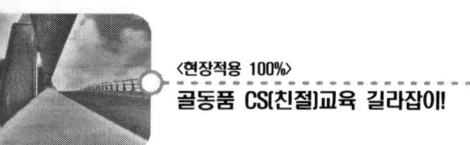

# II. 의료 서비스 마케팅

**001.** 고객만족 요소로써 다음중 Humanware적 요소로 보기 어려운 것은?

① 직원의 태도
② 직원의 업무 처리 절차
③ 직원의 친절성
④ 직원의 상주 상담실

**해설** 고객만족요소 - Hard ware(건물, 인테리어), Soft ware(내부운영시스템), Human ware(직원들의 응대모습)〉

**002.** 다음 중 고객접점(MOT)에 대한 설명으로 올바른 것은?

① MOT를 처음 주장한 사람은 얀 칼슨이다.
② 스페인의 투우에서 나온말로써 투우사가 소의급소를 찌르는 순간을 뜻한다.
③ MOT에서의 실수는 언제든지 회복이 가능하다.
④ MOT는 고객과 접하는 시설/설비의 중요성을 강조한 말이다.

**해설** MOT를 처음 주장한 사람은 리처드 노먼이며, 고객과 접하는 접점들마다 MOT 평가항목이다.〉

**003.** 다음 중 고객관계관리(CRM)를 나타내는 말은?

① Customer Retention Management
② Customer Relationship Management
③ Customer Relation Management
④ Customer Revolution Management

**004.** 다음 중 MOT를 최초로 주장했던 사람은?

① 얀 칼슨 ② 싱글 맨 ③ 리처드 노먼 ④ 알카브레이트

**해설** • 얀칼슨 - MOT 이론을 도입해서 SAS(스칸디나비아 항공사)를 성공시킨 사람.
• 리처드 노먼 - 최초로 MOT 이론을 주장한 사람.〉

**005.** MOT(Moments of Truth)의 상황으로 거리가 먼 것은?

① 고객이 광고를 볼 때
② 고객이 그 기업의 건물을 볼 때
③ 주차장에 차를 세울 때
④ 고객이 구매한 물건을 사용할 때

**006.** MOT의 정의로 바른 것은?

① Moment Of Talk
② Moment Of Truth
③ Moment Of Therapy
④ Moment Of Treatment

**007.** MOT에 대한 설명 중 바른 것은?

① 고객이 서비스를 계속 이용할지 말지 결정하는 결정적 순간으로 번역된다.
② 고객을 대하는 짧은 시간엔 실패도 용서가 된다.
③ 전투용어에서 유래하였다.
④ 정보를 얻기 위한 전화문의는 MOT 가 아니다.

> **해설** MOT(15초관리) = 결정적 순간, 평가의 순간, 진실의 순간)

**008.** 진료 예약 시 잊지 말아야 하는 사항으로 옳지 않은 것은?

① 환자의 증상에 따른 예약엄수의 중요성 강조
② 의료서비스 제공자를 위한 적절한 시간안배
③ 예약원의 발부
④ 의료인 편의중심의 시간설정

**009.** 다음 중 고객관리의 필요성으로 적합하지 않은 것은?

① 고객이 기업 생존의 원천이므로 고객과 쌍방 간에 가치의 극대화를 이루기 위해서이다.
② 기업이 기존 고객보다는 신규고객의 정보를 수집하여 만족을 극대화하기 위함이다.
③ 고객의 필요, 욕구를 충족시켜 주기 위함이다.
④ 기업은 최종 소비자들과의 교환가치를 통해서 고객만족의 획득을 이루기 위함이다.

> **해설** 신규고객보다는 기존고객들을 관리하는데 중점을 두고 있다)

**010.** 환자가 감사의 표시로 선물을 보냈을 때는?

① 개인으로 받아서는 안 된다.
② 동료와 함께 나누어 갖는다.
③ 병원 규칙에 어긋난다고 화를 낸다.
④ 성의에 감사한 후 정중히 거절한다.

**011.** MOT의 기대효과로 볼 수 없는 것은?

① 치료 동의율의 증가
② 환자 유치의 용이함
③ 구전효과의 기대
④ 직원들의 자기개발 유도

**012.** 고객지향사고가 필요한 이유가 아닌 것은?

① 의료 시장의 경쟁
② 의료 시장의 공급증가
③ 의료법 개정
④ 의료서비스 구매자 중심

**013.** M.O.T에 대한 설명으로 틀린 것은?

① 고객이 만족할 때까지 제공하는 서비스로 현재는 A/S에 많은 부분을 차지한다.
② 고객이 조직의 일면과 접촉하여 서비스 품질에 관하여 인상을 얻을 수 있는 결정적 순간을 말한다.
③ 고객서비스에서 가장 중요한 일은 접접의 결정적 순간을 분류하여 가장 효과적으로 응하는 것이다.
④ 짧은 순간에 최상의 기업이라는 것을 증명하고자하는 것이 목표이다.

**014.** 다음 중 MOT의 3 요소 설명이 잘못 된 것은?

① 휴먼웨어 – 배려, 적극성, 고객불만처리 체제
② 휴먼웨어 – 접객태도, 말씨, 자세, 책임 감, 배려
③ 소프트웨어 – 불만처리체제, 서비스 운영시스템
④ 하드웨어 – 의술, 첨단의료장비, 인테리어 시설

> **해설** 고객만족요소 – Hard ware(건물, 인테리어), Soft ware(내부운영시스템), Human ware(직원들의 응대모습)

015. 매뉴얼 만들기의 POINT 로 옳은 것은?

① 매뉴얼은 추상적일 수록 좋다.
② 상황별, 직급별 등으로 다양하게 만든다.
③ 만들기 전에 직원들의 지식, 의식을 파악하는 설문조사를 하는 것은 별 도움이 안 된다.
④ 업무구분이나 직급별로 나누지 않고 만든다.

**해설** 부서별 업무에 맞춘 매뉴얼 제작이 현실성에 적합하다

016. VOC에 대한 설명으로 적절하지 않은 것은?

① 병원 경영에 있어 의료서비스에 대한 고객의 의견과 불평은 매우 유용한 정보이다.
② 고객 지향적인 의료 서비스를 제공하기 위한 노력이다.
③ 상담, 해피콜, 엽서, PC 통신 등을 이용하여 병원의 의료 서비스에 대한 고객의 NEEDS를 분석함으로 써 고객만족경영의 실천을 이루기 위한 시스템을 말한다.
④ 수집된 고객의 의견은 불만 예방 활동 보다는 단기적인 불만 처리를 위해 효과적이다.

**해설** VOC – Voice of customer : 고객의 소리〉

017. 의료기관에서의 마케팅의 필요성에 해당 되지 않는 것은?

① 고객의 기대와 욕구 증가
② 의료기관의 경쟁 완화
③ 의료기관 경영수지의 악화
④ 낮은 의료보험 수가

018. 의료 마케팅의 기대효과로 볼 수 없는 것은?

① 고객의 Need 를 민감하게 파악하고 인식함으로써 목표시장에 대한 만족도를 창조할 수 있다.
② 의료기관이 가지는 약점을 분석하고 보완 하여 경쟁적 우위를 확보할 수 있는 정보를 제공한다.
③ 마케팅 활동을 통하여 새로운 서비스를 보다 적절하고 신속하게 개발하고 적용할 수 있다.
④ 의료마케팅을 통하여 모든 의료기관의 서비스를 균일화 할 수 있다.

**해설** 의료마케팅을 통하여 모든 의료기관의 서비스를 차별화, 체계화 될 수 있다

019. 병원의 마케팅에 대한 인식이 변화하고 있으며, 마케팅의 필요성을 실감하고 있다. 다음 중 의료 마케팅의 필요성이 아닌 것은?

① 의료에 대한 기대와 욕구의 증가
② 의료 기관간의 경쟁의 심화
③ 의료 기관 경영 수지의 악화
④ 의료 인력의 전문성 홍보

020. 환자의 치료동기부여를 위한 과정이다. 다음 중 가장 먼저 파악할 사항은 무엇인가?

① 응급상황                 ② 치료비의 수납여부
③ 고객의 사회적 역할       ④ 고객의 관심도

021. 고객접점에서 고객만족 3 요소에 대한 설명으로 바른 것은?

① 하드웨어는 고객 불만체계 시스템을 말한다.
② 소프트웨어적인 것은 고객과 접하는 접점에서의 직원의 판단력과 행동력을 말한다.
③ 휴먼웨어에는 고객 욕구에 대한 배려 부분이 포함
④ 하드웨어적인 것은 서비스 운영 시스템을 말한다.

022. 환자에 대한 관심, 고객요구의 경청, 고객 지향적인 시간 배려, 진심 어린 서비스 등 마케팅 믹스의(4P)요소 중 아닌 것은?

① Product                 ② Promotion
③ Position                ④ Place

해설   Product(제품), Promotion(판매촉진), Place(유통), Price(가격))

023. 마케팅의 특징에 해당하는 것은?

① 마케팅에서는 교환은 중요하지 않다.
② 마케팅에서의 교환대상은 제품이나 서비스에 국한 한다.
③ 마케팅의 범주를 경제적인 활동뿐만 아니라 사회적인 활동에까지 확장하고 있다.
④ 마케팅을 수행하는데 있어 제품이나 서비스의 개발, 교환, 고객의 욕구, 아이디어 등의 마케팅 믹스를 강조하고 있다.

024. 다음은 고객관계관리(CRM)에 대한 설명들이다. 옳은 것은 무엇인가?

① 고객관계관리의 목적은 고객과의 평생 동반자적인 관계를 유지함으로써 고객 가치를 극대화하고 기업의 가치를 극대화 하자는 것이다.
② 고객과의 평생 동반자적인 관계를 유지하고 관리하는 것은 중요하나, 고객의 라이프사이클 관리까지 하는 것은 사생활 침해이다.
③ 서비스와 판매는 서로 다른 기능이며, 판매 후에 서비스 기능이 수행된다
④ e-CRM은 고객과의 지속적인 관계를 유지시키는 데는 많은 기여를 하였으나 아직까지 수익으로까지 이어지지는 않았다

해설 CRM - Customer Relationship Management〉

025. 병원 고객관리(CRM)의 도입 목적으로 거리가 먼 것은?

① 고객과의 커뮤니케이션 강화로 평생 고객 관리
② 근무자 위주의 업무량 조절
③ 서비스 강화를 통한 고객이탈 예방
④ 고객에 맞는 사전, 사후 서비스의 제공

026. 병원 휴먼웨어에 대한 설명으로 옳은 것은?

① 직원의 판단력과 행동력
② 병원의 환경과 분위기
③ 서비스 운영 시스템
④ 시설이나 설비

해설 고객만족요소 - Hard ware(건물, 인테리어), Soft ware(내부운영시스템), Human ware(직원들의 응대모습)〉

027. 병원하드웨어에 대한설명으로 바른 것은?

① 병원의 환경과 분위기
② 고객에게 제공되는 정보의 내용과 방법
③ 직원의 의사소통능력
④ 의료진의 자질

**〈현장적용 100%〉**
**골동품 CS(친절)교육 길라잡이!**

028. 병원소프트웨어의 내용이 아닌 것은?

① 병원의 정책이나 제도  ② 진료지식
③ 주차장  ④ 대기시간

029. 다음 중 하드웨어적인 것이 아닌 것은?

① 간판  ② 건물의 외관
③ 휴게실  ④ 고객의 소리 대응체계

030. 고객만족 요소 중 종업원의 판단력과 접객 태도등 직원의 의식에 대한 설명으로 바른 것은?

① 소프트웨어  ② 휴먼웨어
③ 하드웨어  ④ 프로세스

031. 현대 경제는 서비스 경제라 불리어질 만큼 서비스부문이 경제에서 차지하는 비중은 계속 증가하고 있다. 다음 중 서비스 경제가 성장하게 된 이유가 아닌 것은 무엇인가?

① 제품의 단순화  ② 소비자 욕구의 차별화
③ 여성의 사회참여 확대  ④ 소비자 욕구의 다양화

## II. 의료 서비스 마케팅 답안지

| 1 | 2 | 3 | 4 | 5 | 6 | 7 | 8 | 9 | 10 |
|---|---|---|---|---|---|---|---|---|---|
| 4 | 2 | 2 | 3 | 4 | 2 | 1 | 4 | 2 | 4 |
| 11 | 12 | 13 | 14 | 15 | 16 | 17 | 18 | 19 | 20 |
| 4 | 3 | 1 | 1 | 2 | 4 | 2 | 4 | 4 | 1 |
| 21 | 22 | 23 | 24 | 25 | 26 | 27 | 28 | 29 | 30 |
| 3 | 3 | 3 | 1 | 2 | 1 | 1 | 3 | 4 | 2 |
| 31 | | | | | | | | | |
| 1 | | | | | | | | | |

# Ⅲ. 의료 서비스 실무

001. 이미지의 특징으로 올바르지 않은 것은?

① 이미지는 부분적인 것이 아니라 총체적인 것이다.
② 이미지는 추상적인 것이 아니라 구체적인 것이다.
③ 이미지는 일시적인 것이 아니라 연속적이 것이다.
④ 이미지는 구체적인 것이 아니라 추상적인 것이다.

해설  이미지는 부분적인 것이 아니라 총체적이며 구체적인 것이 아니라 추상적인 것이고, 일시적인 것이 아니라 연속적인 것이다

002. 이미지를 관리해 나가는 과정을 4단계로 나눌 수 있다. 올바른 순서로 맞는 것은 무엇인가?

① 이미지 컨셉 정하기 – 이미지 점검하기 – 좋은 이미지 만들기 – 이미지를 내면화하기
② 이미지 점검하기 – 이미지 컨셉정하기 – 좋은 이미지 만들기 – 이미지를 내면화하기
③ 이미지를 내면화하기 – 좋은 이미지 만들기 – 이미지 컨셉 정하기 – 이미지 점검하기
④ 이미지를 내면화하기 – 이미지 컨셉 정하기 – 좋은 이미지를 만들기 – 이미지 점검하기

해설  이미지 관리방법 4단계
• 이미지 점검하기 – 이미지 컨셉정하기 – 좋은 이미지 만들기 – 이미지를 내면화하기

003. 좋은 이미지를 만들어 내는데 적용되는 서비스 공식은 무엇인가?

① 덧셈의 법칙              ② 나눗셈의 법칙
③ 곱셈의 법칙              ④ 미지수의 법칙

004. 미국의 정신분석학자 에릭 반이 개발한 성격분석 표지법을 무엇이라 하는가?

① 에고그램                ② 에니어그램
③ DISC                   ④ MBTI

005. 첫인상의 중요성을 강조한 이론에 해당되지 않는 것은?

① 일관성오류              ② 인지적 구두쇠이론
③ 초두효과                ④ 최신효과

〈현장적용 100%〉
**골동품 CS(친절)교육 길라잡이!**

해설
- 일관성오류 : 사람들은 한번 판단을 내리면 상황이 달라져도 그 판단을 지속하려는 욕구를 가지고 있다.
- 인지적 구두쇠이론 : 인상형성에서 사람들은 상대를 판단할때 가능하면 노력을 덜 들이면서 결론에 이르려고 하는 이론.
- 초두효과 : 첫인상이 중요성 강조

**006.** 첫인상을 관리해내는 방법들로 해당되지 않는 것은?

① 끊임없이 자신 판매  ② 준비된 이미지로 무장
③ 악수를 적극적으로 활용  ④ 첫 만남 대화 주도

**007.** 매너의 구성요소로 올바르지 않는 것은?

① 라틴어인 Manuarius라는 복합어로 되어있다.
② manus는 사람의 손이라는 뜻 외에 행동, 습관등의 뜻도 내포되어 있다.
③ arius는 방식, 방법을 의미한다.
④ 지켜야될 예의범절, 규범이라 할 수 있다.

해설
- 에티켓 : 예의범절, 규범
- 매너 : 표현되는 행동방식, 방법

**008.** 효율적 서비스를 위해 '즐바빠편' 법칙을 고수해야 한다. 해당되지 않는 것은?

① 즐겁게  ② 바보답게
③ 빠르게  ④ 편안하게

해설 즐겁게, 바르게, 빠르게, 편안하게, 서비스는 형체가 없기 때문에 매너에 따라 현장에서 상품의 가치와 질을 판단하게 된다.

**009.** 인간관계에서 지켜야 할 매너로 올바르지 않는 것은?

① 자주 만나는 분들의 인사는 가끔 생략 가능하다.
② 의자에 앉아 몸을 흔들지 않는다.
③ 의자에서 일어난 후에는 의자를 살며시 넣는다.
④ 사적인 통화를 하지 않는다.

해설 항상 누구를 만나든지 가벼운 목례를 한다〉

010. 전화 받는 요령으로 올바르지 않은 것은?

① 전화벨이 세 번 울리기 전에 받는다.
② 인사말부터 하고 소속과 이름을 밝힌다.
③ 마지막 인사 후 상대보다 먼저 끊는다.
④ 내용은 간단 명료하며 태도는 친절하게 한다.

**해설** 마지막 인사 후 상대보다 늦게 끊는다.

011. 전화예절 중 상대를 기다리게 하는 요령으로 올바르지 않은 것은?

① 기다려야 하는 이유를 설명한다.
② 얼마나 기다려야 할지 미리 알린다.
③ 인사를 잊지 않는다.
④ 고객 입장에서 대기시간은 당연하다고 생각한다.

**해설** 기다려준데 대한 감사를 잊지 않는다.

012. 전화예절 중 다른 사람에게 바꿔주는 요령으로 올바르지 않은 것은?

① 다른 부서로 돌리는 이유와 그 곳에서 받을 사람을 밝힌다.
② 통화대기 후 바로 전화 돌려받을 부서, 직원에게 돌린다.
③ 동의하는지 묻는다.
④ 전화를 돌려 받을 부에게 전화 건 사람의 이름과 용건을 전달한다.

**해설** 통화대기 후 당사자가 자리에 있는지 확인하여 안내번호 제시 후 돌린다.

013. 전화예절 중 전화를 끊는 요령으로 올바르지 않은 것은?

① 대화내용 확인
② 더 도와드릴 내용은 없는지 확인
③ 끝인사는 생략해도 무관하다.
④ 중요한 정보는 바로 기록에 남긴다.

**해설** 전화준것에 대한 고마운 표현, 끝인사 매우 중요

014. 올바른 인사의 정의로 올바르지 않는 것은?

① 사람과 사람의 의사소통 연결수단
② 인간관계를 부드럽게 해주는 윤활유 역할
③ 고객 서비스 정신에 대한 마음가짐의 표현
④ 나 자신보다는 상대방을 위한 마음가짐

**해설** 인사는 상대방을 위하기보다는 나 자신을 위한 것이다

015. 목례인사법으로 해당되지 않는 것은?

① 길이나 실내복도 등 여러 사람을 자주 대할 때
② 물건을 주고받을 때
③ 한번 인사 후 마주친 경우
④ 고객 맞이나 배웅할 때

**해설** 고객 맞이나 배웅인사는 보통 가장 많이 행하는 보통례(30도)가 적합하다.

016. 올바른 소개방법과 기준에 맞는 것은 무엇인가?

① 여성을 먼저 남성에게 소개한다.
② 단체를 소개할 때는 오른쪽부터 소개한다.
③ 아랫 사람을 먼저 윗 사람에게 소개한다.
④ 동성이거나 나이 지위가 같을 때에는 눈치껏 알아서 소개한다.

**해설** 소개방법 – 남성을 먼저 여성에게, 동성이거나 지위가 같을 때에는 잘 아는 사이부터 소개한다. 단체를 소개할 때는 왼쪽부터 소개한다.

017. 이미지는 긴 시간에 결정지어지는 것이 아닌 보는 순간( ~초)안에 결정이 되어진다. 위 내용에 맞는 것은 무엇인가?

① 3~8초
② 10초~20초
③ 20초~30초
④ 30초 이상

**해설** 이미지는 긴 시간에 결정되는 것이 아니라 짧은 시간 3초에서 길게는 8초안에 결정된다.

018. 엘버트 메러비언은 인간관계에서 이미지가 결정되는 요소를 분석했다. 올바른 것은 무엇인가?

① 시각적 이미지 55%, 청각적 이미지 38%, 언어적 이미지 7%
② 시각적 이미지 38%, 청각적 이미지 55%, 언어적 이미지 7%
③ 시각적 이미지 45%, 청각적 이미지 48%, 언어적 이미지 7%
④ 시각적 이미지 50%, 청각적 이미지 50%

**해설** 앨버트매러비안의 법칙 – 시각적 55%, 청각적 38%, 언어적 7%로 결정된다.

019. 다음에서 앨버트 매라비안의 법칙에 따른 이미지 형성 중 잘못 설명된 것은 무엇?

① 시각적 정보 55%
② 청각적 정보 38%
③ 지식적 정보 38%
④ 대화의 내용 7%

020. 자기 자신 이미지를 점검하는 부분으로 내적이미지에 맞는 항목은 무엇인가?

① 평소 잘 웃는 편이다.
② 평소 외모에 관심이 많다.
③ 항상 긍정적이고 적극적인 마인드를 가지고 있다.
④ 인사성이 좋고 친절하다.

021. 첫 인상에서 상대의 마음을 쉽게 열 수 있는 방법으로 가장 적절한 것은 무엇인가?

① 세련된 옷차림
② 교양 있는 말투
③ 호감을 주는 표정
④ 자연스런 헤어스타일

022. 효과적인 첫인상을 만드는 방법으로 올바르지 않은 것은 무엇인가?

① 적절한 유머감각이 필요하다.
② 편안한 분위기를 만들 수 있어야 한다.
③ 컨디션이 좋지 않을 때도 약속이니 나간다.
④ 지나치게 자신을 드러내려고 하지 않는다.

023. 미소의 효과로 올바르지 않는 것은 무엇인가?

① 건강 증진 효과
② 마인드 컨트롤 효과
③ 감정 이입 효과
④ 판매 실적 반감 효과

024. 아름다운 표정 이미지 만들기 위해서 노력해야 할 사항으로 올바르지 않는 것은 무엇인가?

① 고객의 감정 상태를 읽어라.
② 고객에게 굽실거리지 말라.
③ 고객에게 지친 표정을 드러내지 말라.
④ 화려한 메이크업을 하라.

025. 상대방이 편안함을 느낄 수 있도록 시간 간격을 두고 시선을 처리해야 한다.

적절한 시선관리로 올바른 것은 무엇인가?

① 상대방의 눈만 바라본다.
② 상대방의 코만 바라본다.
③ 상대방의 눈과 인중, 턱 순으로 시선을 옮긴다.
④ 상대방을 아래, 위로 훑어본다.

026. 계절에 맞는 이미지 메이킹 방법으로 올바른 것은 무엇인가?

① 봄철은 어두운 계열의 분위기있는 화장법 선호.
② 여름의 대표색은 부드러운 파스텔톤 선호.
③ 가을은 투명감있고 로맨틱 스타일 선호.
④ 겨울은 골든 톤의 골드 베이지 화장법 선호.

해설  봄철메이크업 - 밝고 화려한 느낌이 나는 화장법 선호. 가을철은 골든 톤의 골드 베이지 선호. 겨울철은 선명하고 모던한 이미지로 밝은색과 어두운 색이 주를 이루는 것이 특징이다.

027. 처음 상대를 봤을 때 예의 있는 사람과 예의 없는 사람의 기준은 무엇으로 평가하는가?

① 아름다운 외모
② 성격이 좋은 사람
③ 밝은 인사성
④ 넉넉한 씀씀이

028. 인사의 중요성으로 올바르지 못한 것은?

① 인사는 고객과 만나는 첫 걸음이다.
② 고객에 대한 마음가짐의 내적 표현이다.
③ 인간관계가 시작되는 신호이다.
④ 업무의 활력소, 윤활유 역할을 한다.

**해설** 인사는 고객에 대한 마음가짐의 외적 표현이다.

029. 올바른 인사의 역할로 올바르지 않는 것은?

① 소극적인 사람 → 적극적인 사람으로
② 정적인 사람 → 동적인 사람으로
③ 명랑한 사람 → 우울한 사람으로
④ 그늘진 사람 → 밝고 활기찬 성격으로

**해설** 적극적인 인사는 우울한 사람 → 명랑한 사람으로 인식될 수 있는 큰 장점을 갖고 있다.

030. 인사할 때의 유의사항으로 올바르지 않는 것은?

① 밝은 목소리와 밝은 표정으로 인사한다.
② 누워있는 어른에게는 절하지 않는다.
③ 상대방의 눈을 맞추며 인사한다.
④ 어른에게 "절 받으세요" 라며 인사드린다.

**해설** 어른어게는 "절 받으세요" 라는 표현을 쓰지 않는다.

031. 전화는 정보화 시대에서 매우 중요한 위치를 차지한다.
이러한 전화가 우리나라에 처음 보급된 시기는 언제인가?

① 1890년
② 1891년
③ 1892년
④ 1893년

**해설** 우리나라에 1893년 전화가 보급된 후 생활의 편리함과 업무처리에 중요한 위치를 차지하고 있다

**032.** 전화응대의 중요성에 대한 설명으로 맞지 않는 것은?

① 전화는 서비스의 중요한 수단
② 전화를 활용하여 시간과 노력의 효율을 증가
③ 기업을 대표하여 소통하는 역할로 서비스의 폭을 축소
④ 전화를 통한 서비스 향상을 도모

**해설** 기업을 대표하여 소통하는 역할로 서비스의 폭을 확대

**033.** 바람직한 전화응대로 해당되지 않는 것은?

① 명령형이나 지시형을 의뢰형이나 권유형으로 말한다.
② 단답식 부정형의 사용을 권장한다.
③ 플러스 화법으로, 공손하게 말씨와 억양에 유의한다.
④ 고객의 욕구를 충족시키지 못했을때는 최선을 다해 대안을 제시하여야 한다.

**해설** 단답식 '아니오' 는 무성의한 느낌을 준다

**034.** 전화응대의 3대 원칙에 해당되지 않는 것은?

① 신속　　　　　　　　② 정확
③ 친절　　　　　　　　④ 강조

**해설** 전화응대의 3대 원칙 : 신속, 정확, 친절(정중)

**035.** 정확하게 정보를 전달하기 위한 방안 중 5W3H가 있다. 5W3H에 대한 설명으로 바른 것은?

① Who-사람, When-때, Where-장소, Why-이유, What-목적
　 How-방법, How much-경비, How many-수량
② Who-사람, When-때, Where-장소, Why-이유, What-목적
　 How-방법, How much-경비
③ Who-사람, When-때, Where-장소, Why-이유, What-목적
　 How-방법
④ Who-사람, When-때, Where-장소, How-방법, How much-경비

036. 전화응대의 구성요소로 해당되지 않는 것은?

① 밝고 맑은 목소리　　② 높낮이가 없는 음성
③ 속도　　　　　　　　④ 명확한 발음

037. 효과적인 경청을 위한 방안 중 올바르지 않는 것은?

① 비판하거나 평가하지 않는다.
② 편견을 갖지 않고 고객의 입장에서 듣는다.
③ 정확한 이해를 위해 고객이 말한 것을 복창한다.
④ 고객에게 계속적인 반응을 보이는 것은 혼란스럽게 느껴진다.

[해설] 고객에게 계속적인 반응을 보여줘야 한다

038. 전화응대 예절 중 전화 받는 요령으로 올바른 것은?

① 전화는 벨이 울리면 곧바로 받는 것이 최선책이다.
② 수화기를 들면 용건부터 바로 들어간다.
③ 고객이 찾는 사람이 없을 때는 다음에 다시 걸도록 유도한다.
④ 메모는 책상 위에 그냥 놓아두어 확인할 수 있게 한다.

039. 바람직한 경어사용 중 올바른 호칭 법으로 맞는 것은?

① 문서에는 상사의 존칭을 기재해 올린다.
② 윗 사람에게 "수고하십시오"라고 하지 않는다.
③ 상대에 대한 존칭은 어디서든 사용된다.
④ 본인 입석 하에 지시를 전달할 때는 "씨"를 붙인다.

040. 고객을 응대할 때 가장 많이 사용되며 가장 필요한 화법 중 단호한 표현보다는 미안한 마음을 먼저 전해서 말을 전하는 화법은 무엇인가?

① 신뢰화법　　　　　　② 쿠션화법
③ 아론슨 화법　　　　　④ 레이어드 화법

[해설]
• 신뢰화법 – "이쪽에서 모시겠습니다, 제가 도와드리겠습니다"
• 쿠션화법 – 미안하지만, 실례하지만, 죄송하지만, 번거롭겠지만..등
• 아론슨화법 – 어떤 대화를 나눌때 부정과 긍정의 내용을 혼합해야 하는 경우 기왕이면 부정적 내용을

> 먼저 말하고 끝날 때는 긍정적 의미로 마감하는 화법
> • 레이어드화법 – 고객을 응대할때 가장 많이 활용되는 화법중 의뢰나 질문형식으로 바꾸어 말하는 화법

**041.** 고객을 응대할 때 가장 많이 활용되는 화법중 의뢰나 질문형식으로 바꾸어 말하는 화법을 무엇이라 하는가?

① 신뢰화법　　　　　② 쿠션화법
③ 아론슨 화법　　　　④ 레이어드 화법

**042.** 어떤 대화를 나눌때 부정과 긍정의 내용을 혼합해야 하는 경우 기왕이면 부정적 내용을 먼저 말하고 끝날 때는 긍정적 의미로 마감하는 화법은 무엇인가?

① 신뢰화법　　　　　② 쿠션화법
③ 아론슨 화법　　　　④ 레이어드 화법

**043.** 고객을 응대할 때 가장 많이 활용되는 화법중 상대방이 하는 이야기를 관심 있게 귀담아 들어주는 것을 무엇이라 하는가?

① 맞장구 화법　　　　② 쿠션화법
③ 아론슨 화법　　　　④ 레이어드 화법

> **해설** 적극적인 경청법 – 맞장구 화법

**044.** 고객이 서비스 제공자에게 원하는 응대로 바르지 못한 것은?

① 고객은 자신의 의견이 수용되기를 원한다.
② 고객은 문제해결을 원한다.
③ 고객은 존중받기를 원한다.
④ 고객은 도움되기를 원한다.

> **해설** 고객은 도움받기를 원한다.

**045.** 고객이 자유롭게 의견이나 정보를 말할 수 있도록 묻는 질문을 무엇이라 하는가?

① 개방형 질문　　　　② 확인형 질문
③ 선택형 질문　　　　④ 단답형 질문

046. 기업에 대한 고객의 업무적 불만 원인으로 가장 적절한 것은?

① 서비스 정신 결여  ② 특별대우를 할 수 없다.
③ 회사에 대한 업무지식 부족  ④ 자신이 전문가라는 우월감

047. 고객 불만 해결방법에 해당하지 않는 것은?

① 고객의 불만 사항 경청
② 고객의 불만 경청시 중요한 부분 메모
③ 현장에서 자신의 능력 내에서 신속히 처리
④ 불만의 발생 원인과 과정의 정확한 분석

048. 주관적 판단에 근거하여 다른 사람에 대한 인상을 형성하는 것을 무엇이라 하는가?

① 대인인지  ② 대인지각
③ 대인동기  ④ 대인관계

해설  대인지각 - 첫 이미지에서 그 사람의 나이, 직업, 성격을 짐작해 볼 수도 있다

049. 좋은 이미지를 형성하는 내적 이미지 요인이 아닌 것은?

① 모든 사람을 똑같이 귀하게 여기는 인간 존중 사상
② 정성을 다하는 마음
③ 인간과 자신이 맡은 일에 대한 깊은 관심
④ 건강하고 반듯한 자세

해설  외적 이미지 - 건강하고 반듯한 자세

050. 현대의 에티켓의 본질에 해당되지 않는 것은?

① 남에게 폐를 끼치지 않는다.  ② 남에게 호감을 주어야 한다.
③ 남을 존경한다.  ④ 남을 마음속으로 환영한다.

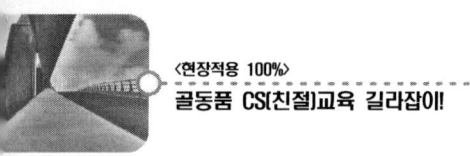

051. ( )안에 들어갈 내용으로 바른 것은?

> 죄송합니다만, 번거로우시겠지만, 괜찮으시다면, 불편하시겠지만, 실례합니다만 등은 ( 가 )언어사용 방법으로 상대에게( 나 ), ( 다 ) 말을 전해 줄 수 있다.

① 가-쿠션, 나-부드럽고, 다-따뜻한
② 가-쿠션, 나-쉽고, 다-간결한
③ 가-긍정형, 나-명랑, 다-밝은
④ 가-긍정형, 나-부드럽고, 다-따뜻한

052. 다음 중 화법에 대한 것으로 바르지 않는 것은?

① 쿠션화법-죄송합니다만, 번거로우시겠지만
② 무지개화법-오늘은 좋은 일 생기시는 하루 되세요, 예쁜 저녁 되세요.
③ 1.2.3 화법-한번 듣고, 두 번 말하고, 세 번 맞장구친다.
④ Yes, But 화법-처음부터 부정적이지 않게 말한다.

**해설** 123화법-한번 말하고, 두 번이상 들어주고, 세 번이상 맞장구 친다

053. 고객의 심리로 볼 수 없는 것은?

① 환영받고 싶은 심리   ② 독점하고 싶은 심리
③ 모방심리              ④ 배려하는 심리

054. 나이가 많거나 신체가 부자유스러운 고객에게 필요한 커뮤니케이션 방법은?

① 문자적 메시지        ② 언어적 메시지
③ 비언어적 메시지      ④ 청각적 메시지

055. 표정 관리에서 눈의 표정을 설명한 것 중 잘못 된 것은?

① 힐끔 힐끔 보는 것은 상대방에게 불쾌감을 준다.
② 고객 앞에서 시계를 자주 보면 가 주었으면 하는 뜻으로 오해할 수 있다.
③ 시선을 한 곳에만 집중 하지 말고 많이 움직여 주는 것이 좋다.
④ 곁눈질과 아래위로 훑어보는 것은 좋지 않는 태도다.

056. 전화를 연결하는 방법으로 올바르지 않은 것은?

① 담당자에게 전화 연결을 원할 때는 신속하게 연결하도록 한다.
② 다른 사람에게 전화를 연결 할 때는 그 이유를 설명하고 전화를 다른 사람에게 연결해도 좋겠는지 양해를 구한다.
③ 연결 받을 사람이 전화 받기 어려운 상황이라면 고객에게 다시 전화해 달라고 한다.
④ 전화를 연결할 후에는 연결이 제대로 되었는지 확인한다.

057. 다음 중 표정의 중요성이 아닌 것은?

① 표정은 첫인상, 이미지를 결정짓는다.
② 밝은 표정의 직원은 고객의 표정을 바꾼다.
③ 표정은 그 사람의 마음의 메시지를 담는다.
④ 마음을 아름답게 하면 얼굴이 저절로 예뻐진다.

058. 다음은 인사의 바른 자세에 대한 설명이다. 옳은 것은?

① 남성은 바지의 재봉 선에 자연스럽게 붙인다.
② 발은 발꿈치를 벌리고 양발의 각도는 15~30도
③ 가슴과 등은 자연스럽게 앞으로 약간 구부린 자세로 선다.
④ 어깨에 힘을 주고 어깨선이 굽지 않도록 한다.

059. 다음 중 올바른 악수 방법이 아닌 것은?

① 윗사람과 악수를 할 때는 아래 사람이 흔드는 데로 맡겨둔다.
② 손을 잡을 때는 오른 손을 사용한다.
③ 손을 가볍게 흔들되 어깨보다 높이 올리지 않는다.
④ 손에 물건이 있을 땐 미리 왼손으로 옮기거나 내려놓는다.

060. 다음 중 다양한 사람을 소개하고, 소개받을 때 지켜야 할 에티켓이 아닌 것은?

① 자기소개를 할 때는 이름만 말하고, 성은 말하지 않는다.
② 상대방이 인적사항을 물을 때는 분명하게 대답한다.
③ 소개를 받는 사람과 소개되는 사람, 모두 일어서는 것이 원칙이다.
④ 악수는 윗사람이 아랫 사람에게 청하는 것이다.

**061.** 다음 중 대화 태도의 5가지 원칙이 아닌 것은?

① 상대를 바라본다.
② 긍정적인 생각을 갖는다.
③ 내 생각에 맞게 대화한다.
④ 바른 자세를 갖는다.

**062.** 대화(말하기, 듣기)자세 중 123화법이 있다. 상대방을 배려하는 입장에서의 대화로 옳은 것은?

> 가. 자신이 하고 싶은 말은 1분만 한다.
> 나. 2분 동안은 상대의 말을 들어준다.
> 다. 상대의 말에 3번 맞장구를 쳐준다.
> 라. Two eyes, Two ears, Only one mouth

① 가, 나, 다
② 가, 다
③ 나, 라
④ 가, 나, 다, 라

**063.** 이미지 메이킹의 5단계에 해당하는 것은?

> 가. 자신을 알라.
> 나. 자신을 개발하라.
> 다. 자신을 팔아라.
> 라. 나의 나다움을 개발하라

① 가, 나, 다
② 가, 다
③ 나, 라
④ 라

**064.** 이미지 결정요소의 설명으로 옳은 것은?

> 가. 1차적 이미지는 태도, 화장법, 외모 등 한눈에 알아 볼 수 있는 요소
> 나. 2차적 이미지는 가치관, 신념, 이상, 지적수준 등
> 다. 1차적 이미지는 표정, 옷차림, 말씨 직업, 가족관계, 헤어스타일 등..
> 라. 1차적 이미지는 의도적으로 꾸며질 수 없고, 하루아침에 만들 수 있는 것이 아니라 오랜 세월에 걸쳐 부단한 노력에 의해서 만들어지는 것이다.

① 가, 나, 다      ② 가, 다
③ 나, 라      ④ 라

065. 안내 매너에 대한 설명으로 옳지 않은 것은?

① 고객을 안내할 때는 먼저 인사를 하고 행선지를 말해 준다.
② 행선지로 갈 때 복도에서는 약간 비켜 선 자세로 두 서너 걸음 앞서간다.
③ 복도 모퉁이나 계단을 돌 때는 멈춰 서서 가야 할 방향을 가리킨다.
④ 계단을 오를 때는 안내자가 먼저, 내려갈 때는 고객이 앞서도록 한다.

066. 접대 매너에 대한 설명으로 옳지 않은 것은?

① 적당한 시간을 택하여 음료를 낸다.
② 차는 상석, 즉 고객부터 내도록 한다.
③ 찻잔의 위치는 손님의 정면에서 약간 좌측, 테이블 끝에서 10cm 가량 안쪽이 적당하다.
④ Tea를 내기 전에 먼저 고객의 의사를 묻는다.

067. 단정한 용모, 복장의 중요성을 옳은 묶음은?

> 가. 첫인상      나. 기분전환
> 다. 회사의 이미지      라. 일의 성과

① 가, 나, 다      ② 가, 다
③ 나, 라      ④ 가, 나, 다, 라

068. 사내 강사의 조건으로 옳게 묶인 것은?

> 가. 인간적인 매력, 풍부한 경험
> 나. 현장에의 적응력 및 임기응변
> 다. 전문지식, 가르치는 기술
> 라. 변화에의 적응 및 건강

① 가, 나, 다      ② 가, 다

③ 나, 라   ④ 가, 나, 다, 라

**069.** 서비스 교육기법 결정 중 강의법의 장점에 해당하는 것은?

① 행동적 요소를 포함한 기능교육 분야에는 부적절하다.
② 머리로 이해하는데 그치게 되어 행동으로 연결하기 어렵다.
③ 서비스 코디네이터가 교재에서 이탈할 우려가 있다.
④ 짧은 시간에 다수인에게 동시적으로 지식을 전달할 수 있다.

**070.** 강의안 편성의 원칙에 대한 설명으로 옳은 것은?

> 가. 부분내용 → 전체내용
> 나. 단순한 내용 → 복잡한 내용
> 다. 다음 학습 → 선수학습
> 라. 미친숙한 내용 → 친숙한 내용

① 가, 나   ② 가, 나, 다
③ 가, 나, 다, 라   ④ 가

**071.** 강의 시작 전 준비로 긴장을 푸는데 도움이 되는 몇 가지 전략에 해당하는 것은?

> 가. 철저한 강의 준비
> 나. 너무 잘하려는 욕심을 버린다.
> 다. 친근한 얼굴에 초점을 맞춘다.
> 라. 심호흡을 한다.

① 가, 나, 다   ② 가, 다
③ 나, 라   ④ 가, 나, 다, 라

072. 강의에 집중을 높일 수 있는 동기부여 방법은?

> 가. 내부고객 상호간의 경쟁구도 형성
> 나. 교육과정에 적절한 SPOT기법, 유머제시
> 다. 평가와 결과에 대한 피드백 체계 준비
> 라. 구체적인 목표달성과 이에 대한 성취욕구 부여

① 가, 나, 다
② 가, 다
③ 나, 라
④ 가, 나, 다, 라

073. 다음 중 고객을 잃는 이유 중 가장 많은 비중을 차지하는 것은 무엇?

① 경쟁
② 이동
③ 태도
④ 마인드

074. 다음 중 고객 맞이 자세에 대한 설명으로 틀린 것은?

① 인사말은 바르고 정확한 발음으로 끝까지 한다.
② 고객이 보여도 하던 일을 중단하지 않고 계속한다.
③ 인사는 먼저 보는 사람이 먼저 하는 것을 원칙으로 한다.
④ 인사하기 전과 후에는 반드시 시선을 맞춘다.

075. 다음 중 표정 연출의 5가지 원칙에 해당되지 않은 것은?

① 뒷 모습이 웃는 표정
② 코웃음으로 웃는 표정
③ 생기있는 표정
④ 밝고 온화한 표정

076. 다음 중 온화한 표정을 만드는 시선에 대한 내용이 아닌 것은?

① 고객의 얼굴 전체를 보는 듯한 느낌으로 눈을 바라본다.
② 자연스럽고 부드럽게 상대방을 감싸는 듯한 느낌으로 본다.
③ 눈동자는 항상 중앙에 위치하는 것보다는 위 아래로 시선을 둔다.
④ 시선을 이동할 때는 눈과 미간, 콧등 사이를 자연스럽게 번갈아보면 상대방은 자신을 바라본다고 느끼면서도 거부감을 갖지 않게 된다.

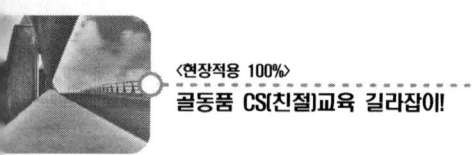

**077.** 다음 중 악수 청하는 자세로 바르게 묶은 것은?

> 가. 어른이 아랫사람에게, 선배가 후배에게 먼저 청한다.
> 나. 여성이 남성에게 먼저 청한다.
> 다. 기혼자가 미혼자에게 먼저 청한다.
> 라. 상대편이 부부 동반일 경우, 남자들이 먼저 악수를 하는 것이 예의이다.

① 가, 나, 다  ② 가, 다
③ 나, 라  ④ 가, 나, 다, 라

**078.** 근무 시 올바른 자세 중 선 자세에 대한 설명으로 바르게 묶인 것은?

> 가. 발을 V자 모양으로 조금 벌린다.
> 나. 무릎에 힘을 주어 붙인다.
> 다. 턱을 당긴다.
> 라. 시선을 정면을 향하도록 한다.

① 가, 나, 다  ② 가, 다
③ 나, 라  ④ 가, 나, 다, 라

**079.** 다음 중 인사의 중요성과 거리가 먼 것은?

① 친절의 시작이다.
② 고객에 대한 마음가짐의 표현이다.
③ 업무의 활력소와 무관하다.
④ 고객과 만나는 첫걸음이다.

**080.** 다음 중 올바르게 앉은 자세로 바르게 묶은 것은?

> 가. 손은 허리와 무릎 중간에 놓는다.
> 나. 상반신 자세는 선 자세와 동일하다.
> 다. 등받이와 등 사이는 주먹 1개 정도의 간격을 두고 앉는다.

라. 스커트의 길이가 짧을 때는 허리와 무릎 중간에 가볍게 손을 놓고, 길 때는 스커트 끝을 가린다.

① 가, 나, 다  ② 가, 다
③ 나, 라  ④ 라

081. 인사예절은 병원생활에 있어서 인간관계를 설정해 주는 가장 기본적인 행위이다. 다음 중 그 근본적인 의미가 아닌 것은?

① 상대방에 대한 불안감을 없애주는 것이다.
② 자신의 인격과 품위를 나타내는 것이다.
③ 상대방에 대한 호의를 가지고 있다는 것을 보여주는 것이다.
④ 인사예절 중 기본 표현인 인사는 나 자신 보다는 상대방을 위한 것이다.

082. 다음 중 앉아서 대기할 때의 바른 자세와 거리가 먼 것은?

① 대기할 때는 가끔 고객은 의식하지 않고 직원끼리 대화를 나눌 수 있다.
② 팔짱을 끼거나 다리를 꼬는 것, 무릎을 떠는 행위는 삼간다.
③ 기침, 재채기 소리가 나지 않게 손수건을 미리 준비하여 하품을 하는 것은 고객을 맞을 준비가 안되어 있는 것처럼 보이므로 조심한다.
④ 책상과 윗몸 사이에 주먹 한 개 들어갈 정도로 하고 의자의 등받이에 허리뼈가 닿도록 바로 앉는다.

083. 다음 중 고객을 맞이할 때의 바른 자세에 대한 설명이 아닌 것은?

① 인사는 먼저 보는 사람이 먼저 하는 것을 원칙으로 한다.
② 인사말은 바르고 정확한 발음으로 끝까지 한다.
③ 고객이 보여도 하던 일을 중단하지 않고 계속한다.
④ 인사하기 전과 후에는 반드시 시선을 맞춘다.

084. 다음 듣기의 올바른 자세로 바르게 묶은 것은?

> 가. 상대방의 메시지를 정확히 이해하려고 애를 쓰면서 그 뜻을 확인해야 한다.
> 나. 대화에 방해가 되는 태도를 삼가야 한다.
> 다. 상대방이 편안하게 이야기 할 수 있도록 배려해 준다.
> 라. 말을 들어주는 입장에서 경청한다.

① 가, 나, 다  ② 가, 다
③ 나, 라  ④ 라

085. 다음 중 명함을 교환할 때의 에티켓에 대한 설명과 거리가 먼 것은?

① 명함은 명함지갑에 보관하는 것이 좋다.
② 방문한 곳에서는 상대방보다 먼저 명함을 건네도록 한다.
③ 손아랫사람이 손윗사람에게 먼저 건네는 것이 예이다.
④ 명함은 오른손으로 받고, 받은 후에는 이름을 소리 내어 읽어본다.

086. 다음 중 강사가 피해야 할 행동으로 바르게 묶은 것은?

> 가. 특정인에 대한 지나친 친절 등 편협한 태도
> 나. 종교, 이념/사상 등 논란의 여지가있는 발언
> 다. 지연, 학연, 혈연 등 특정 인간관계에 대한 발언
> 라. 위탁기관에 대한 부정적인 비판이나 지나치게 긍정적인 발언

① 가, 나, 다  ② 가, 다
③ 나, 라  ④ 가, 나, 다, 라

087. 다음은 강의안 작성에 대한 설명들이다. 이중 강의안 작성에 대한 설명으로 바르게 묶은 것은?

> 가. 강의목표에 맞는 강의가 될 수 있다.
> 나. 강의에 일관성을 유지할 수 있다.

다. 유지 및 보수를 통해 강의 내용의 개선이 가능
라. 많은 자료를 강의장에 가지고 들어가야 한다.

① 가, 나, 다   ② 가, 다
③ 나, 라   ④ 라

**088.** 다음 응대의 마음가짐(자세)에 대한 설명 중 옳지 않은 것은?

① 충분한 지식을 가지고 업무를 처리한다.
② 항상 감사하는 마음으로 응대한다.
③ 친절, 정확, 신속하게 업무를 처리한다.
④ 고객 응대의 3S 원칙은 천천히(slowly), 미소(smile)로써, 정중하게(sincerity)이다.

**089.** 병원고객을 응대할 땐 유형별 고객응대가 중요하다. 다음 중 옳지 않는 것은?

① 먼저 고객의 말을 잘 경청하면서 상대의 능력에 대한 칭찬과 감탄의 말로 응수하여 상대를 인정하고 높여주면서 친밀감을 조성한다.
② 대화중에 반론을 하거나 자존심을 건드리는 언어사용을 하지 않도록 주의한다.
③ 쉽게 흥분하는 고객 응대 시 부드러운 분위기를 형성하여 정성스럽게 응대하되 음성에 웃음을 섞어 말해도 된다.
④ 고객이 따지거나 불평할 때 면박을 주거나 무안을 주어서는 결코 안 된다.

**090.** 다음은 전화응대 시 요령에 대한 설명이다. 바르지 못한 것은?

① 왼손에 수화기를 들고 오른손으로 메모한다.
② 벨이 울리면 신속하게 받는다.
③ 상대방의 말을 끝까지 듣고 바르지 못한 점은 바로 지적하여 준다.
④ 성의 있고 책임있게 답변한다.

**091.** 바른 응대를 위한 다섯가지 5S에 대한 설명으로 틀린 것은?

① Stand up ---------------- 먼저 감지하고 일어서서 응대
② See ---------------- 고객님을 바라보며

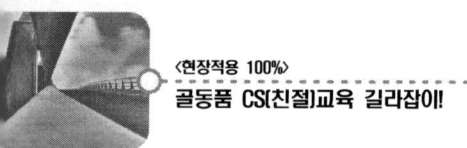

③ Smile ------------------ 밝은 미소로 응대
④ Satisfaction ------------ 만족한 마음으로 응대

**해설** 5S - ① Stand up ② See ③ Smile ④ Speed ⑤ Skin ship

**092.** 첫 인상에서 "선행의 정보가 뒤따르는 정보보다 더 큰 영향력을 발휘함"을 설명하는 이론은?

① 인지적 구두쇠효과   ② 플라시보 효과
③ 초두효과            ④ 부정성의 효과

**093.** 이미지 메이킹을 할 때 가장 먼저 해야 할 일은?

① 자기 고안   ② 자기 점검
③ 적용        ④ 이미지 창출

**094.** 이미지의 설명으로 적절하지 못한 것은?

① 사람, 사물에 대한 생각과 감정의 덩어리
② 이미지는 사람들이 인식한 결과이다.
③ 시각적 정보가 가장 큰 영향을 미친다
④ 사람들에게 보여 지는 모습만으로 결정된다.

**095.** 올바른 방향 지시방법으로 맞는 것은?

① 설명하는 사람 기준으로 방향을 안내한다.
② 상대의 코를 바라본다.
③ 우측은 반드시 왼손으로 안내한다.
④ 사람을 가리킬 때는 두 손으로 한다.

**096.** 코디네이터의 표정 관리로 옳은 것은 ?

① 좋은 표정은 상대방에 대한 기본적인 예의이다.
② 좋은 표정은 연습과 노력으로는 바뀌지 않는다.
③ 어떤 상황에서나 미소만 지어야 한다.
④ 의식적으로 좋은 표정을 지을 필요는 없다.

097. 업무 전 용모 점검사항이 아닌 것은 무엇인가?

① 화장은 단정하게 유지되어 있는가?
② 입에서 상쾌한 냄새가 나는가?
③ 손톱은 깨끗하게 다듬어져 있는가?
④ 헤어스타일이 유행에 뒤떨어지지 않는가?

098. 퍼스널 이미지의 요소가 아닌 것은?

① 표정 이미지
② 스피치
③ 헤어스타일
④ 가정환경

099. 물품 수수시의 매너로 맞는 것은?

① 시선은 고객-물건-고객 순으로 한다.
② 작은 물건은 한 손으로 준다.
③ 앉아 있을 시에는 가슴보다 위의 높이에서 준다.
④ 무거운 물건은 직접 가져가라고 말한다.

100. 명함을 주고받는 매너로 틀린 것은?

① 명함은 윗사람이 먼저 줄 때까지 기다린다.
② 명함은 오른손으로 주며 왼손으로 받는다.
③ 명함을 뒷주머니에서 꺼내주는 것은 실례다.
④ 명함은 서서 주고받는 것이 예의다.

101. 상석 구분하기에 대한 설명으로 맞는 것은?

① 북쪽과 남쪽 중 남쪽이 상석이다.
② 상사는 문에서 가장 가까운 곳에 앉는다.
③ 등받이-등받이가 없는 쪽이 상석
④ 양끝보다는 중앙이 상석이다.

<현장적용 100%>
**골동품 CS(친절)교육 길라잡이!**

102. 메라비안차트의 시각적요소로 올바른 것은?

　　① 시각적인 요소 7%　　　　② 시각적인 요소 38%
　　③ 시각적인 요소 55%　　　④ 시각적인 요소 58%

103. 다음 중 고객에게 사죄하거나 감사의 마음을 표현할 때 하는 인사로 옳은 것은?

　　① 15도 인사　　　　　　　② 45도 인사
　　③ 30도 인사　　　　　　　④ 10도 인사

104. 상황에 맞는 인사의 설명으로 옳은 것은?

　　① 고객을 맞이할 때는 목례를 한다.
　　② 고객 용건을 접수 할 때는 정중례를 한다.
　　③ 고객에게 자리를 권할 때는 목례를 한다.
　　④ 고객에게 사과 할 때는 보통례를 한다.

105. 인사의 자세 및 동작으로 적절하지 않은 것은?

　　① 남성은 왼손 위로, 여성은 오른손 위로 한다.
　　② 어깨를 펴 당당하게 보이도록 한다.
　　③ 상체를 들때는 숙일때보다 천천히 들도록 한다.
　　④ 발 뒤꿈치는 11자로 나란한 상태를 만들어 안정되어 보이게 한다.

106. 다음 중 명함수수 매너로 옳은 것은?

　　① 받는 즉시 주머니나 지갑에 넣는다.
　　② 명함을 건넬 때 말을 삼가 하도록 한다.
　　③ 반드시 서서 주고 받는 것이 매너이다.
　　④ 여러 사람이 동시에 건넬 때 직위가 가장 낮은 사람에게 먼저 건네도록 한다.

107. 병원상황에 맞는 안내 동작으로 옳은 것은?

　　① 환자나 보호자 보다 뒤에서 걷는다.
　　② 계단을 오르내릴 때 늘 고객의 위 쪽으로 한다.

③ 회전문은 앞서 회전 칸에 들어가 문을 밀어 고객이 뒤따라 들어오시게 한 후 먼저 나와 문 옆에서 기다린다.
④ 엘리베이터를 타고 내릴 때 항상 먼저 타고 내린다.

108. 물건수수와 방향지시의 설명으로 옳지 않은 것은?

① 가슴과 허리선 사이의 위치에서 주고 받는다.
② 고객정면에서 고객이 받기 좋은 방향으로 전한다.
③ 시선 처리는 고객 – 물건 – 고객 순으로 이동한다.
④ 사람을 가리킬 때는 손가락으로 정중히 가리킨다.

109. 지시를 받거나 보고 할 때의 태도로 옳은 것은?

① 지시 사항을 받을 때는 상사의 말만을 경청한다.
② 보고 할 때는 경과 – 내용 – 결론 순으로 보고한다.
③ 지시 받은 업무가 끝나도 묻기 전에는 보고할 필요가 없다.
④ 상사가 호명하면 대답을 한 후 필기도구를 준비해서 간다.

110. 효과적인 말하기의 유의점이 아닌 것은?

① 상대방의 관심과 흥미에 맞춰 대화한다.
② 불유쾌한 화제는 피한다.
③ 때와 장소를 가려서 이야기한다.
④ 상황에 관계없이 밝고 명랑한 톤을 유지한다.

111. 대인관계의 기본원칙으로 옳은 것은?

① 상대가 불편하더라도 위험하지 않도록 한다.
② 상대가 불편하거나 불쾌하지 않게 하며 궁금하지 않게 한다.
③ 상대가 불쾌하더라도 불안하지 않게 한다.
④ 상대가 불편하더라도 정직하게 행동한다.

**112.** 자신의 성과 이름을 상대방에게 말할 때의 겸손한 현대적 표현은?

① 처음 뵙겠어요. 저는 장은정입니다.
② 처음 뵙겠습니다. 저는 장은정입니다.
③ 처음 뵙겠어요. 저는 장은정이에요.
④ 처음 뵙겠네요. 저는 장은정이랍니다.

**113.** 〈1, 2, 3 화법〉의 공식으로 가장 알맞은 것은?

① 1분 이내로 말하고, 2분 이상 들으며, 3분 이상 맞장구 친다.
② 1분 이내로 말하고, 2분 이상 들으며, 3번 이상 맞장구 친다.
③ 3분 이상 말하고, 2분 이상 들으며, 1분 이상 맞장구 친다.
④ 3분 이내로 말하고, 2분 이상 들으며, 1번 이상 맞장구 친다.

**114.** 고객과 대화나 상담을 할 때는 누구의 감정에 리듬을 타야 하는가?

① 자기의 감정　　② 타인의 감정
③ 상대의 감정　　④ 모두의 감정

**115.** '대화 시 입모양은(　　)에 의해서 결정 된다'(　　) 안에 알맞은 말은?

① 자음　　② 감정
③ 모음　　④ 내용

**116.** 성공의 가장 중요한 요인 중 하나로 성공의 85%를 좌우하는 것은?

① 인간관계　　② 첫인상
③ 화술(커뮤니케이션 능력)　　④ 미모

**117.** 전화응대의 3 원칙이 아닌 것은?

① 신뢰　　② 신속
③ 정확　　④ 정중

**118.** 전화응대의 가치로 바르지 못한 것은?

① 고객 접점의 제 2 선이다.
② 항상 준비된 자세로 응대해야 한다.
③ 보안성에 주의해야 한다.
④ 병원의 이미지를 결정하는 중요한 요소이다.

119. 전화를 걸 때 용건을 말하기 전 반드시 확인해야 하는 것으로 바른 것은 무엇인가?

① 무엇을 하다가 받았는지 물어본다.
② 직함이 맞는지 확인한다.
③ 내 이름을 제대로 들었는지 다시 확인한다.
④ 지금 전화를 받을 수 있는 상황인지 확인한다.

120. 커뮤니케이션장애요인으로 옳지 않은 것은?

① 타인에 대한 이해부족      ② 쌍방향 커뮤니케이션
③ 어의 상의 해석차이         ④ 관점과 경험의 차이

121. 대화 시 주의사항으로 적합한 것은?

① 고객이 들어오면 뚫어지게 쳐다보며 인사한다.
② 점심시간이나 퇴근 시간 가까이에 고객이 오면 시계를 쳐다본다.
③ 화난 고객이 오더라도 쉽게 흥분하거나 감정에 동요되지 않는다.
④ 전문 용어를 많이 사용하면 신뢰를 얻을 수 있다.

122. 커뮤니케이션개선방법으로 옳지 않은 것은?

① 적극적 경청과 개입         ② 메시지에 대한 반복전달
③ 선입견과 편견배제          ④ 방어적 커뮤니케이션의 최대화

123. 커뮤니케이션의 전달 방법이 아닌 것은?

① 편지                      ② 대면
③ 전화                      ④ 감상

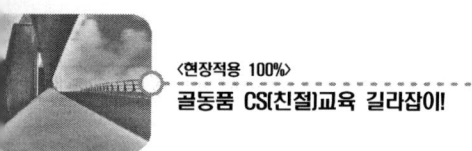

**124.** 다음 중 비즈니스를 할 때 가장 바람직한 자세는 무엇인가?

① 고객과의 미팅 약속을 할 때 점심시간 직후 가장 적합하다.
② 고객의 사무실에 들어가서는 고객의 이름을 부르며 찾아도 무방하다.
③ 명함은 양손으로 건네며 상담 중에는 테이블 위에 둔다.
④ 상담 시 팔짱을 끼거나 다리를 꼬고 앉아도 무방하다.

**125.** 다음 중 상황별 인사방법으로 바르지 않은 것은 무엇인가?

① 출근할 때, 아침 인사는 약간 높은 톤으로 밝고 긍정적인 인사를 한다.
② 복도나 계단에서 상사를 만났을 때, 목례를 먼저 하고 가까이 와서 1.2m 정도가 되면 인사를 한다.
③ 업무 중 상사가 지나갈 때, 무조건 일어서서 인사한다.
④ 하루에 여러 번 상대를 마주칠 때, 목례 또는 미소로 인사한다.

**126.** 다음 중 직장인으로서 바람직한 용모와 복장에 대한 설명으로 맞는 것은 무엇인가?

① 직장에서는 자신의 개성이 돋보이는 옷을 선택해서 입는다.
② 더운 여름에는 스타킹을 착용하지 않고, 샌달을 신어도 무방하다.
③ 드레스셔츠 안에 속옷을 입지 않아도 무방하다.
④ 남성 정장 조끼는 상의와 같은 감의 원단으로 입는다.

**127.** 효과적인 대화요령으로 옳지 않는 것은?

① 상대의 입장보다 나의 입장을 자세히 설명한다.
② 대화 시 예상되는 문제를 의식한다.
③ 개방적인 태도로 피드백을 주고 받는다.
④ 자기 자신과 상대를 신뢰한다.

**128.** 환자가 밤새 머리가 아팠다고 이야기 하고 있다. 가장 적합한 응대언어는 무엇인가?

① "네"
② "앉아서 기다리세요"
③ "네~ 많이 아프셨다구요, 밤새 못 주무셨겠네요"

④ "원장님께 말씀하세요"

129. 효과적인 상담을 위한 의료인의 화법이 아닌 것은?

① 신뢰화법　　　　　　　② 적극적 경청
③ +화법　　　　　　　　④ 간단히 말하기

130. 효과적인 설명으로 바르지 못한 것은?

① 전문용어를 사용하여 환자 신뢰성을 더한다.
② 병명과 위험성, 후유증 등을 자세히 설명한다.
③ 증상을 자세히 설명 하고 필요한 검사의 종류와 목적을 설명한다.
④ 검사에서 얻을 수 있는 결과와 부작용, 안전성, 예상되는 치료방법과 효과를 설명한다.

131. 효과적 상담기법으로 부적합한 것은?

① 이야기 할 수 있는 편안한 분위기를 만든다.
② 고객의 이야기를 공감적으로 경청한다.
③ 고객의 작은 부분까지 메모한다.
④ 단답형 질문으로 고객의 말을 간결 하게듣는다.

132. 커뮤니케이션 설명으로 부적합한 것은?

① 역지사지입장에서 이해한다.
② 예상되는 문제를 의식한다.
③ 적극적인 경청의 자세를 유지한다.
④ 1 : 다수 커뮤니케이션을 한다.

133. 고객이 불만을 말하지 않는 이유로 옳지 않은 것은?

① 증거를 대기 어렵다.
② 빨리 잊고 싶다.
③ 누군가를 비난하여야 한다.
④ 침묵이 서비스개선에 도움이 되기 때문이다.

**134.** 불만고객에 대한 설명으로 옳지 않은 것은?

① 불만 처리과정을 통해 불만이 원만히 해결되어도 재 구매율은 낮다.
② 고객의 불만은 무조건 소중하다.
③ 고객과의 유대관계를 강화하여 열성팬으로 만들 수 있는 절호의 기회이다.
④ 주변사람에게 좋은 구전으로 서비스의 질을 향상시킬 기회를 준다.

**135.** 다음 중 컴 플레인의 올바른 처리단계는?

① 신속한 대안제시 → 원인분석 → 공감단계 → 사과
② 경청 → 공감 → 사과 → 고객동조
③ 신속한 접수 → 사과 한다 → 경청 한다 → 공감
④ 공감 → 경청 → 사과 → 대안제시

**136.** 다음 고객 응대화법 중 가장 적절한 것은?

① "안녕하십니까? 어떻게 오셨죠?"
② "네, 알고 있습니다. 잠깐 앉아 계세요."
③ "당연히 의료보험 적용 안 되는 거죠."
④ "네, 잠시만 앉아계시면 신속히 처리해 드리겠습니다."

## III. 의료 서비스 마케팅 답안지

| 1 | 2 | 3 | 4 | 5 | 6 | 7 | 8 | 9 | 10 |
|---|---|---|---|---|---|---|---|---|---|
| 2 | 2 | 3 | 1 | 4 | 4 | 4 | 2 | 1 | 3 |
| 11 | 12 | 13 | 14 | 15 | 16 | 17 | 18 | 19 | 20 |
| 4 | 2 | 3 | 4 | 4 | 3 | 1 | 1 | 3 | 3 |
| 21 | 22 | 23 | 24 | 25 | 26 | 27 | 28 | 29 | 30 |
| 3 | 3 | 4 | 4 | 3 | 2 | 3 | 2 | 3 | 4 |
| 31 | 32 | 33 | 34 | 35 | 36 | 37 | 38 | 39 | 40 |
| 4 | 3 | 2 | 4 | 1 | 2 | 4 | 1 | 2 | 2 |
| 41 | 42 | 43 | 44 | 45 | 46 | 47 | 48 | 49 | 50 |
| 4 | 3 | 1 | 4 | 1 | 4 | 3 | 2 | 4 | 4 |
| 51 | 52 | 53 | 54 | 55 | 56 | 57 | 58 | 59 | 60 |
| 1 | 3 | 4 | 1 | 3 | 3 | 4 | 1 | 1 | 1 |
| 61 | 62 | 63 | 64 | 65 | 66 | 67 | 68 | 69 | 70 |
| 3 | 4 | 1 | 1 | 4 | 3 | 4 | 4 | 4 | 1 |
| 71 | 72 | 73 | 74 | 75 | 76 | 77 | 78 | 79 | 80 |
| 4 | 4 | 3 | 2 | 2 | 3 | 4 | 4 | 3 | 1 |
| 81 | 82 | 83 | 84 | 85 | 86 | 87 | 88 | 89 | 90 |
| 4 | 1 | 3 | 1 | 4 | 4 | 1 | 4 | 3 | 3 |
| 91 | 92 | 93 | 94 | 95 | 96 | 97 | 98 | 99 | 100 |
| 4 | 3 | 2 | 4 | 4 | 1 | 4 | 4 | 1 | 1 |
| 101 | 102 | 103 | 104 | 105 | 106 | 107 | 108 | 109 | 110 |
| 4 | 3 | 2 | 3 | 4 | 3 | 3 | 4 | 4 | 4 |
| 111 | 112 | 113 | 114 | 115 | 116 | 117 | 118 | 119 | 120 |
| 2 | 2 | 2 | 3 | 3 | 1 | 1 | 1 | 4 | 2 |
| 121 | 122 | 123 | 124 | 125 | 126 | 127 | 128 | 129 | 130 |
| 3 | 4 | 4 | 3 | 3 | 4 | 1 | 3 | 4 | 1 |
| 131 | 132 | 133 | 134 | 135 | 136 | | | | |
| 4 | 4 | 4 | 1 | 3 | 4 | | | | |

<현장적용 100%>
**골동품 CS(친절)교육 길라잡이!**

| | 자격시험 실기평가 채점표 | | |
|---|---|---|---|
| | ○○○○년 ○○월 ○○일 | | |
| 소 속 교 육 원 | ○○○○ | 확 인 | |
| 자 격 종 목 명 | ○○○○ | | |
| 실 기 평 가 위 원 | ○○○○ | | |

| 기준안 | | 평가항목1. | 평가항목2. | 평가항목3. | 평가항목4. | 평가항목5. | 총 점 |
|---|---|---|---|---|---|---|---|
| | 평가내용 | 의욕과 자신감 | 표현력 | 태도 (표정, 시선, 제스처, 자세) | 시청각자료 활용 | SPOT기법 | 100 점 |
| | 평가점수 | 20 | 20 | 20 | 20 | 20 | |
| 채점표 | 성 명 | 평가 항목당 응시생 점수 | | | | | 총 점 |
| | | 항목 1 | 항목 2 | 항목 3 | 항목 4 | 항목 5 | |
| | | | | | | | |
| | | | | | | | |
| | | | | | | | |
| | | | | | | | |
| | | | | | | | |
| | | | | | | | |
| | | | | | | | |
| | | | | | | | |
| | | | | | | | |
| | | | | | | | |
| | | | | | | | |
| | | | | | | | |
| | | | | | | | |
| | | | | | | | |

### 〈 교육 확인증 〉

| 날 짜 | |
|---|---|
| 성 명 | |
| 학 과 | |
| 학 번 | |
| 기억에 남는강의 | |

| 날 짜 | |
|---|---|
| 성 명 | |
| 학 과 | |
| 학 번 | |
| 기억에 남는강의 | |

| 날 짜 | |
|---|---|
| 성 명 | |
| 학 과 | |
| 학 번 | |
| 기억에 남는강의 | |

| 날 짜 | |
|---|---|
| 성 명 | |
| 학 과 | |
| 학 번 | |
| 기억에 남는강의 | |

| 날 짜 | |
|---|---|
| 성 명 | |
| 학 과 | |
| 학 번 | |
| 기억에 남는강의 | |

| 날 짜 | |
|---|---|
| 성 명 | |
| 학 과 | |
| 학 번 | |
| 기억에 남는강의 | |

**〈현장적용 100%〉**
**골동품 CS(친절)교육 길라잡이!**

| 날 짜 | |
|---|---|
| 성 명 | |
| 학 과 | |
| 학 번 | |
| 기억에 남는강의 | |

| 날 짜 | |
|---|---|
| 성 명 | |
| 학 과 | |
| 학 번 | |
| 기억에 남는강의 | |

| 날 짜 | |
|---|---|
| 성 명 | |
| 학 과 | |
| 학 번 | |
| 기억에 남는강의 | |

| 날 짜 | |
|---|---|
| 성 명 | |
| 학 과 | |
| 학 번 | |
| 기억에 남는강의 | |

| 날 짜 | |
|---|---|
| 성 명 | |
| 학 과 | |
| 학 번 | |
| 기억에 남는강의 | |

| 날 짜 | |
|---|---|
| 성 명 | |
| 학 과 | |
| 학 번 | |
| 기억에 남는강의 | |

## 참고자료집

- 현문사. 병원서비스 코디네이터
- 삼성에버랜드 서비스 실무 1
- 삼성에버랜드 CS 강사 양성과정
- 대한 웃음치료 연구소. 웃음치료의 이론과 실제
- 카네기 트레이닝 카네기 연구소 최염소.
- 미인대칭 비비불
- 리베르. 데일카네기 인간관계론 원본 완역
- 정보 통신 컴퓨터 자격관리협회
- CS Leaders(관리사)
- JOYFUL DENTISTRY 치과 서비스 & 매너학
- 중소기업호남연수원.
- 리더십 강화를 통한 조직 활성화
- KHCA 병원 코디네이터 자격시험 수험서
- 중앙노동경제연구원 고객 감동 서비스 혁신과정
- KEIOA 한국 EDI정보관리협회병원코디네이터실무
- KEIOA 한국 EDI정보관리협회 의료서비스 마케팅
- KEIOA 한국 EDI정보관리협회의료 서비스의 실재
- 군자출판사. 고객만족 접점 서비스 매뉴얼, 2000.
- 윤태익. 뜻 길 돈
- 노만택. 웃음의건강학. 서울 : 도서출판 푸른솔, 2002.
- 박영실. 서비스는 힘이 세다.
- 한광일. 웃음치료사. 서울 : 한국웃음센터, 2004.
- 김진배. 웃기는리더가성공한다. 서울 : 뜨인돌, 1999.
- 김창홍. 좋은말을합시다. 서울 : 도서출판비젼, 2003.

## 저자 프로필

**장은정(별명 : 골동품)**
전. 종합병원 병원서비스코디네이터 & 서비스 팀장
현. 장은정 서비스 아카데미 원장
현. 목포대학교 평생교육원 서비스코디 전담교수
현. 대학 강의, 간호학원 강의, 기업체 특강
현. 노동부 HRD 집체훈련, 모니터링 전담 관리

## 골동품 CS(친절)교육 길라잡이!

초판 1쇄 발행   2012년 01월 31일
초판 6쇄 발행   2020년 05월 25일
편 저 자   장은정
발 행 인   이범만
발 행 처   **21세기사** (제406-00015호)
　　　　　경기도 파주시 산남로 72-16 (413-130)
　　　　　Tel. 031-942-7861    Fax. 031-942-7864
　　　　　E-mail : 21cbook@naver.com
　　　　　Home-page : www.21cbook.co.kr
　　　　　ISBN 978-89-8468-424-9

**정가 15,000원**

이 책의 일부 혹은 전체 내용을 무단 복사, 복제, 전재하는 것은 저작권법에 저촉됩니다.
저작권법 제136조(권리의침해죄)1항에 따라 침해한 자는 5년 이하의 징역 또는 5천만 원 이하의 벌금에 처하거나 이를 병과(倂科)할 수 있습니다. 파본이나 잘못된 책은 교환해 드립니다.